¡Escríbalo... y hágalo realidad!

DECIDA QUÉ ES
LO QUE DESEA
OBTENER Y
¡CONSÍGALO!

Henriette Anne Klauser, Ph.D.

TALLER DEL ÉXITO

CONTENIDO

INTRODUCCIÓN

Hay un escribano egipcio sentado al lado de mi chimenea. Dicha réplica es una estatua en piedra traída de mi viaje a El Cairo hace varios años. El hombre está sentado con sus piernas cruzadas y tiene un rollo de papiro que se extiende por su regazo; en su mano tiene una pluma lista para escribir; sus ojos distantes demuestran sabiduría, como si pudiese ver el futuro. Este hombre simboliza todo lo que representa un libro.

Para los antiguos moradores de la región del Nilo, escribir algo hacía que lo escrito se convirtiera en realidad.

Piense en grande, ¡en realidad funciona!

Durante los años veinte y treinta del siglo pasado aparecieron una serie de títulos que daban cuenta de las maravillas de "la ciencia del pensamiento" (en ocasiones con nombres muy literales como ¡Victoria! ¡Éxito! ¡Tú puedes lograrlo!). Napoleon Hill escribió su libro *Piense y hágase rico (Think and Grow Rich)*; Claude M. Bristol, *La magia de creer (The Magic of Believing)*; James Allen, *Como el hombre piensa (As a Man Thinket)*; y luego, en los años cincuenta, David J. Schwartz, *La magia de pensar en grande (The Magic of Thinking Big)*. Notablemente, todos estos libros todavía se imprimen y se encuentran disponibles en las librerías, cincuenta, sesenta y hasta setenta años después. A pesar de su lenguaje arcaico, los ejemplos pintorescos y el sexismo evidente, estos libros todavía resuenan en el público de nuestros días.

Un pequeño compendio, escrito por RHJ en 1926 y en circulación posterior con más de un millón y medio de copias, fue titulado simplemente como *¡Funciona! (It Works!)*. Este libro pequeño resume el poder de todos estos proponentes de una manera proactiva y positiva.

Y más que simplemente un enfoque que cierra los ojos a la realidad, optimismo desbordado, o credulidad, tiene un mensaje importante, el cual *¡funciona!*, según se cita en el siguiente epígrafe:

SI USTED SABE LO QUE QUIERE, PUEDE OBTENERLO

Resulta increíble que con todos los años de investigación sobre el cerebro, nuestro conocimiento actual sobre el cuerpo calloso, el sistema de activación reticular y los procesos de la mente humana, y todavía nos quedemos "boquiabiertos" y maravillados al descubrir que "funciona".

¡Escríbalo... y hágalo realidad! conserva ese sentido de admiración y se fundamenta en la misma verdad científica —establecer una intención, concentrarse en el resultado, y ser claro respecto a lo que se quiere en la vida—, que puede llevarlo a convertir sus sueños en realidad.

Existe otro factor que entra en el cuadro, un elemento que cada uno de estos libros inmortales tienen en común: el primer paso que se bosqueja en todos estos es poner por escrito su meta.

Las historias de las celebridades

Todo el tiempo se escuchan historias acerca de celebridades que, antes de disfrutar de la fama que tienen en el presente, escribieron sus sueños.

Jim Carrey fue a Hollywood Hills y escribió un cheque para sí mismo por 10 millones de dólares. En el talonario de comprobante escribió: "Por los servicios prestados". Durante años, este comediante llevó el cheque consigo a todas partes, inclusive mucho tiempo antes que le pagaran esa suma por filmar una película. En la actualidad es uno de los comediantes mejor remunerados de la industria y se da el lujo de cobrar veinte millones de dólares por película. En un gesto conmovedor, Carrey puso el cheque visionario en el bolsillo de la chaqueta de su padre antes de ser sepultado.

Scott Adams, creador de la comedia *Dilbert*, tiene una larga lista de sueños que puso por escrito y que se convirtieron en realidad, uno tras otro. Adams dice que cuando uno escribe una meta, "logra ver cosas que suceden a su alrededor que hacen que el objetivo sea más ejecutable".

Siendo un humilde trabajador de tecnología en un cubículo de la América corporativa, Adams continuó escribiendo acerca de su sueño en su pequeño escritorio. Entonces empezó a escribir unas quince veces al día: "Voy a convertirme en un caricaturista reconocido".

A pesar de enfrentar varios rechazos, Adams perseveró y finalmente sucedió: firmó un contrato para su primer trabajo. Posteriormente, decidió comenzar a escribir: "Voy a convertirme en el mejor caricaturista del mundo".

¿Cómo evaluar eso?

Bien, *Dilbert* aparece en casi 2.000 periódicos en todo el mundo. Su sitio web, *The Dilbert Zone*, registra más de 100.000 visitantes al día. El primer libro de Adams, *El principio de Dilbert* vendió más de un millón trescientas mil copias. También se venden otros productos, desde alfombrillas para el ratón del computador hasta pocillos tipo mug y calendarios de escritorio basados en los personajes de *Dilbert*. Hasta presentan un show semanal en televisión.

Ahora Scott Adams escribe 15 veces al día: "Voy a ganar un premio Pulitzer".

Suze Orman, gurú financiera, autora del bestseller número uno del *New York Times*, *9 pasos hacia la libertad financiera*, invitada frecuente en *El show de Oprah Winfrey*, nos cuenta cómo empezó todo. Ella consiguió trabajo en Merrill Lynch y le aterrorizaba la idea de no poder cumplir con su cuota de ventas. Lo máximo que había ganado hasta entonces era cuatrocientos dólares como mesera.

"Primero, registré por escrito todo lo que quería alcanzar. Todas las mañanas antes de irme a trabajar, escribía una y otra vez: 'Soy joven, poderosa, exitosa, y gano al menos $10.000 al mes'".

Aún después de sobrepasar esa cifra, continuó haciendo lo mismo, "Como si se tratara de palabras encantadas, reemplacé el mensaje de temor, y mi percepción de que era incompetente, por un mensaje de posibilidades sin límite".

Y al hacerlo, es decir, al escribir su nueva verdad, logró hacer que ésta se materializara.

Mi inspiración para escribir este libro provino de mi propio hogar. A la edad de 12 años, mi hijo Peter vino un día con una expresión de perplejidad en su rostro y un trozo de papel en sus manos. Dijo:

"Cuando estaba organizando mi habitación encontré esta lista que escribí hace dos años. No sé cómo pero todo lo que escribí en la lista se hizo realidad y hasta había olvidado que la había escrito".

Entre otras cosas, Peter había tomado lecciones de karate, participado en una obra, dormido una noche en el parque, y conseguido un pájaro —todo ello sin estar consciente de estar chequeando los ítems de la lista olvidada.

La experiencia de Peter me hizo reaccionar. Empecé a darme cuenta que el mismo fenómeno había ocurrido durante toda mi vida.

Durante una cierta semana emocionante y memorable para mí, estuve autografiando libros en Broadway en la ciudad de Nueva York, estuve tras bambalinas en la Ópera Metropolitana, fui entrevistada por radio para una audiencia de varios millones de personas, y tuve el placer de escuchar a Plácido Domingo en vivo en una ópera. No fue sino hasta cuando regresé a la costa oeste, que encontré como lo había hecho Peter, una vieja lista de metas que había olvidado.

Todas las cosas que logré estaban escritas en la lista.

Yo cuento la historia de la lista de Peter y de mi lista en un capítulo de mi libro *Put Your Heart on Paper*. En otro capítulo de ese mismo libro, *The Shoeless Joe Principle* en que hablo del tema de la sincronía, o aquello que parece coincidencia, donde cito unas palabras de *El campo de los sueños, (Field of Dreams)*: "Si usted lo proyecta, ocurrirá". Proyectarlo, mediante ponerlo por escrito, antes que ocurra, es dar un salto de fe. Escribirlo implica que usted cree que es posible lograrlo.

Esos dos capítulos fueron el principio de mi investigación sobre el poder implicado en escribir las cosas para hacer que sucedan, y resultaron ser también el principio de este libro.

¿Quién soy yo para estarle diciendo esto?

Ahora, permítame contarle algo sobre mis antecedentes.

Tengo un doctorado en Literatura Inglesa y he enseñado en universidades de Nueva York, Los Ángeles, Seattle, y Lethbridge, en Alberta, Canadá. Mi primer libro, *Writing on Both Sides of the Brain*, trata sobre el tema de la postergación y examina el asunto de poner por escrito todo aquello que nos angustia. El libro está enfocado en separar la escritura de la edición. Al principio atiende el tema de la escritura, y luego enseña a pulir las palabras, en vez de intentar hacer todo al mismo tiempo. *Writing on Both Sides of the Brain* describe cómo hacer frente al crítico, esa voz taladrante que le puede hacer retraer de la acción y que introduce el concepto de escritura rápida, acelerada, inmediata.

Durante los últimos 15 años he estado dictando seminarios corporativos en todo el mundo y haciendo presentaciones para asociaciones nacionales. De todo ese trabajo evolucionó mi segundo libro, *Put Your Heart on Paper*. Una vez que las personas captan y utilizan los conceptos de la escritura fluida que les enseño, con frecuencia me dicen: "Esto no se trata únicamente del tema de la escritura; se trata de la vida misma". *Put Your Heart on Paper* aplica el tema de la libertad de escribir al ámbito de las relaciones humanas y le enseña a estar conectado con los cabos sueltos de este mundo. Dos de los conceptos en esa obra sobre los cuales hago una mayor exploración en esta son "Escriba con resolución", (Capítulo 6) y sobre "Cómo permitir que la escritura nos ayude a pensar" (Capítulo 2).

¿De dónde provienen los relatos?

Una vez decidí escribir el libro, pareció como si las historias que iban a ser incluidas en este me buscaran, y esto ocurrió de la misma manera como los lectores de este libro hallarán que el mundo coopera con ellos. ¿Cómo no podría resultar así? Un libro sobre relatos que suceden tiene que ser un acontecimiento mismo en desarrollo. Los relatos venían y me tocaban en el hombro; cada llamada telefónica tenía mucho por registrar. Cuando me propuse la idea de escribir este libro, ni siquiera conocía las historias de nueve personas de las cuales hablo aquí.

Una de ellas fue la autora de varios bestseller, Elaine St. James. Fue ella quien me llamó, por recomendación de un amigo en común, y lo hizo por un motivo diferente al que nos ocupa. Cuando me reuní con ella quedé estupefacta. Estaba tan atónita luego de nuestra conversación, que difícilmente pude sentarme. ¿Qué fue aquello que me sorprendió tanto y me dejó tan asombrada? En primer lugar, fue ella misma; resultó ser una persona llena de energía. Me mostró que los pasos de gigantes son posibles, están a nuestro alcance y son factibles (todo de forma muy agradable). Adicionalmente, al hablar con ella me di cuenta que su historia constituiría una parte importante de *¡Escríbalo... y hágalo realidad!* Y de esta conversación no sólo surgió un capítulo, surgieron dos (Consulte los capítulos 17 y 18), y a medida que los iba completando me sorprendí al darme cuenta que una semana antes ni siquiera los tenía.

Esa es la parte que me conmovió más: cuán inmediato se hacía disponible lo que necesitaba. Todo se iba dando en el mismo momento en que escribía.

Este libro fue escrito casi en su totalidad en los cafés de Seattle. Varias de las historias surgieron bajo esta afición que tengo de escribir en cualquier momento. Por ejemplo, el relato de la cinta demo de Jaime en el capítulo 20, y el sueño del apartamento de María en el capítulo 8. Cuando uno escribe en un sitio donde se prepara café expreso, la vida continúa sucediendo alrededor.

Y luego, por supuesto, seguía mis propios dictados y simplemente escribía cuando tenía una buena historia.

Por ejemplo, cuando estaba reuniendo las anécdotas para ilustrar los principios de este libro, me di cuenta que algo faltaba. Yo quería mostrar que mis técnicas podían funcionar en cualquier situación en la que estuviera una persona. Cierta mañana escribí:

"Necesito una historia rural proveniente del área central de los Estados Unidos. Quiero que mis lectores sepan que estas técnicas funcionan para todos sin importar si se vive en una ciudad grande o en un pueblo pequeño".

Dos días después sonó el teléfono de mi oficina. Estaba llamando una mujer cuyo nombre es Marian, desde Wells, Nevada (un pueblo de alrededor de 1.000 habitantes). Ella había leído mis otros dos libros y quería saber si estaba dentro de mis planes visitar Nevada para conducir seminarios. Empezamos a hablar y pronto me estaba contando una historia maravillosa sobre cómo se hizo realidad un sueño imposible —y ya imaginará usted que ella lo puso por escrito antes de que sucediera. La conmovedora historia de Marian se convirtió en el ímpetu del capítulo 14, "Tome la iniciativa".

Cómo entender este libro

Algunas personas llevan agendas, otras apuntan ideas sobre servilletas, al respaldo de los sobres, en páginas arrancadas de un cuaderno o en papel reciclado disponible. No se preocupe por el tipo de papel que use al escribir, tampoco si hace parte de un cuaderno de notas o si es una hoja suelta; no interesa el tipo de papel, con líneas o sin líneas, fino o grueso, ni lo que utilice para escribir, lápiz o bolígrafo, o el color de tinta que emplee. Mi única regla es: registre la fecha de lo que escribe. (Para hacerlo, puede vestir lo que quiera, no hay código de vestuario.)

Tal vez usted ya esté empezando a entender la idea general. Esto no es una competencia, donde usted haya de ser descalificado si no escribe de forma legible, o si no sigue las reglas de utilizar papel con las medidas convencionales. Usted puede escribir de la forma como desee y aun así conseguir resultados. Jim Carrey escribió una sola vez y lo puso en su bolsillo; Scott Adams y Suze Orman escribieron varias veces todos los días; mi hijo Peter escribió y luego perdió el papel donde había escrito. Mi punto es: *cualquier* persona puede hacerlo y no existe una forma correcta o incorrecta, ya que cada quien lo hace de forma diferente, y en cualquiera de los casos funciona.

Es cuestión de fe

En el estacionamiento de una iglesia vi una calcomanía llamativa pegada en el parachoques de un automóvil. La copié al respaldo del boletín de la iglesia para recordarla después. Decía, "Lo bueno sucede".

Leer ese letrero me hizo reír. "Lo bueno sucede" es la filosofía detrás de este libro. Mi premisa es la sobrepujante creencia de que las cosas buenas ocurren y que la vida misma es una narrativa que podemos determinar mediante lo que escribimos.

A veces nos preocupamos demasiado por el formato, pero lo que realmente importa es la fe, la fe de que "lo bueno sucede".

¿Ha escuchado usted sobre la costumbre de enterrar la estatua de San José de cabeza en el patio de una casa para conseguir que esta se venda pronto?

Muchas personas juran que funciona, y foros famosos, como los del *New York Times* y la revista *Time*, han dedicado artículos a describir esa práctica devota.

Cuando yo estaba haciendo planes para vender mi casa, repelía la idea de tenerla indefinidamente en condición de mostrario, donde se intenta descubrir hasta los pequeños rayones en los espejos de un baño. Me exasperaba la idea de tener extraños vagando por mis habitaciones personales. De algún modo, con actitud obediente, fui a la tienda de regalos de la iglesia católica local a comprar una estatua de San José.

Cuando expliqué lo que quería a Agnes, la dueña de la tienda, ella agregó un elemento del cual yo no había escuchado hasta ese momento. Agnes dijo que yo necesitaba poner una señal donde había enterrado a San José, de modo que cuando vendiera la casa, pudiera excavar y recuperar la estatua para luego ponerla en un lugar de honor en mi nueva casa.

Entonces empecé a hacer a Agnes todo tipo de preguntas. Me preocupaba hacerlo "bien".

¿Era necesario comprar una estatua costosa, tallada en madera o pintada a mano, o funcionaría bien una pequeña y económica, hecha de plástico? ¿A qué dirección debería apuntar el rostro de la figura, hacia la casa o hacia la calle? ¿Debería ponerla en el jardín delantero o en el patio trasero? ¿Estaría bien ponerla en la arenera?

Para ser honesta, yo no tenía el valor de enterrar la figura. ¿Funcionaría la estrategia si envolvía la figura en plástico para empaque al vacío o si la ponía en una bolsa con cierre hermético? Me parecía demasiado cruel poner la estatua en contacto con la tierra, pero, ¿era ese contacto lo que se necesitaba para que todo funcionara? ¿Necesitaba hacer que la estatua recibiera una bendición antes o después, o no era necesario?

Agnes contestó: "Mira, no tienes que enterrarlo si no quieres. San José es el santo patrón de las familias y de los hogares. Si tú le pides su ayuda, él estará allí para ayudarte. El éxito no radica en enterrarlo, lo que funciona es la oración elevada a San José con la confianza de que él te ayudará".

Me gustó lo que Agnes me dijo.

Puse la pequeña estatua de polímero de San José en un anaquel de vidrio a la entrada de la casa, al lado de un tríptico de la Madonna y de la estatua de la diosa Kuan Yin, la cual ha pertenecido a mi familia por tres generaciones. En un anaquel más bajo, permanecía una pequeña replica del Selkit, protector de la tumba de Tutankamón.

Se programó la exhibición de la casa para el día domingo. En preparación de ello, el agente inmobiliario colocó un letrero de "Se vende" en la grama del frente. El letrero habría de ponerse desde el martes, mucho antes del día de exhibición.

Por imposible que parezca, yo sabía lo que quería. Yo quería que mi casa se vendiera rápido —sin necesidad de que entrara al mercado inmobiliario.

En la mañana del miércoles puse la estatua de San José en el anaquel. Luego, salí de casa para llevar a mi hija Katherine al ortodoncista. Mientras la esperaba en el consultorio, empecé a describir por escrito mi escenario perfecto. Lo escribí como si ya hubiera sucedido.

Una mujer del vecindario, totalmente extraña para mí, supo que yo estaba planeando poner mi casa en venta. El miércoles en la tarde vino a visitarme junto con su esposo y me compró la casa por un precio mejor que el del mercado inmobiliario. ¡Y yo nunca tuve que mostrar la casa!

Ese miércoles en la mañana yo había escrito exactamente eso en mi agenda color café. El miércoles en la noche había sucedido precisamente como lo había imaginado, con una bonita diferencia: cuando la mujer estaba viendo la casa, otras dos parejas estacionaron para solicitar verla. En espacio de no más de una hora, las tres parejas habían hecho papeles, habían consultado con sus agentes inmobiliarios y habían hecho ofertas por un valor superior al ofertado inicialmente.

A medida que nosotros examinábamos los varios contratos para ver quién era el mejor postor, la pequeña estatua de San José permaneció en su lugar de honor en el anaquel de la cocina.

Para la media noche de ese día miércoles, había vendido mi casa. Y ¡nunca tuve que mostrarla!

NO EXISTE la forma correcta o incorrecta de hacerlo.

La vida es una narrativa que ha de escribirse.

Por lo tanto, ¡empecemos a hacerlo!

Lista de preguntas

A continuación hay una lista de pensamientos que pudieran estarle inquietando:

❖ Odio escribir. ¿Es diferente esta clase de escritura? (Consulte el capítulo 1).

❖ No sé lo que quiero. (Consulte la historia de Marc, en el capítulo 2).

❖ ¿Qué sucede si...? ¿Qué sucede si...? ¿Qué sucede si...? ¿Qué sucede si no obtengo lo que quiero? ¿Qué sucede si lo obtengo? Eso me asusta. (Consulte la historia de Janine, en el capítulo 5).

❖ ¿Cómo puedo saber la diferencia entre querer algo y estar realmente preparado para recibirlo? (Consulte la historia de Gloria en el capítulo 4).

❖ ¿Existe más de una manera de obtener una meta? (Consulte: Concéntrese en el resultado, en el capítulo 8; y Desaciertos, en el capítulo 20).

❖ ¿Cómo sé si voy en la dirección correcta? (Consulte: Esté atento a las señales e indicios, en el capítulo 1).

❖ ¿Puedo tener más de una meta a la vez? (Consulte: Apilamiento, en el capítulo 12).

❖ ¿Qué hacer si me encuentro atascado? (Consulte: El buzón de sugerencias del capítulo 3; Escriba estando cerca al agua, en el capítulo 9; Cómo desatascarse, en el capítulo 6; Lustrando cocos, en el capítulo 1; Escribiendo cartas a Dios, en el capítulo 15).

❖ ¿Ser específico es importante? (Consulte la historia de Sydne en el capítulo 7).

❖ ¿Cómo puedo mantener vivo mi sueño? (Consulte: Concéntrese en el resultado, en el capítulo 8).

❖ ¿Ayuda si obtengo el apoyo de otros, o debería mantenerlo en reserva para mí mismo? (Consulte la sección El Grupo Seymour, en el capítulo 13).

❖ ¿Respecto a ponerse metas, cuál es la diferencia entre la fantasía y la imaginación? (Consulte la historia de Bill, en el capítulo 11).

❖ ¿Por qué siento temor de soñar en grande, por qué temo pedir lo que deseo? (Consulte la historia de Marc, en el capítulo 2).

❖ ¿Qué hay si escribo y no sucede? (Consulte: Cómo manejar los desaciertos, en el capítulo 20).

❖ ¿Qué necesito hacer para completar el ciclo? (Consulte: Dé las gracias, en el capítulo 19).

Los capítulos a continuación resuelven estas inquietudes y cuentan historias de personas que han aplicado apropiadamente los principios de este libro, cada uno en su propio y único estilo. Son personas extraordinarias, y a la vez comunes, como lo es también usted. Las personas citadas en estos capítulos han compartido sus historias, no para que pensemos que son excepcionales, sino con el propósito de dar a conocer sus valiosas experiencias. Para cuando usted termine de leer este libro y de hacer los ejercicios, sabrá cómo escribirlo para hacer que suceda en su propia vida.

CAPÍTULO 1

¡ESCRÍBALO... Y HÁGALO REALIDAD!

Sin preámbulos, antes que usted lea los capítulos a continuación, quiero que escriba su propia lista de metas.

Vaya a una cafetería y pida un expreso o un café latte, o prepárelo en su propia casa. Coloque la música que más le guste y empiece a escribir.

Escriba rápido, no titubee al hacerlo. Aun si considera que una meta es demasiado grande o inalcanzable, escríbala de todos modos y coloque un asterisco junto a ella.

No sienta temor de querer alcanzar demasiado. Escriba hasta las ambiciones que no tienen un medio posible de llevarse a cabo.

Siga escribiendo. Escriba desde su corazón y haga la lista tan larga como desee.

Lou Holtz, el famoso entrenador de fútbol, hizo eso en 1966. Tenía 28 años de edad cuando se sentó frente a la mesa del comedor y escribió ciento siete metas imposibles. Había acabado de perder su empleo, no tenía dinero en el banco y su esposa, Beth, tenía ocho meses de embarazo de su tercer hijo. Estaba tan desanimado que Beth le dio una copia del libro *La magia de pensar en grande, (The Magic of Thinking*

Big) escrito por David J. Schwartz, para levantarle el ánimo. Hasta ese momento, dice Holtz, carecía por completo de motivación.

"Hay tantas personas, y yo era una de ellas, que no hacen nada significativo con su vida. El libro decía que uno debería escribir todas las metas que quisiera alcanzar antes de morir".

Las metas que Holtz escribió en respuesta a esa invitación eran metas tanto personales como profesionales. La mayoría parecían imposibles para un hombre de 28 años y sin trabajo. Entre las metas estaban ir a cenar a la Casa Blanca, aparecer en el *Show de la noche (Tonight Show)*, conocer al Papa en persona, ser el entrenador principal de Notre Dame, ganar un campeonato nacional, ser el entrenador del año, hacer carrera en la aviación, hacer hoyo en uno, y saltar en paracaídas desde un avión.

Si usted visita el sitio web de Lou Holtz, junto a la lista encontrará la evidencia —fotografías de Holtz con el Papa, con el Presidente Ronald Reagan en la Casa Blanca, departiendo con Johnny Carson. Adicionalmente, una descripción de lo que se siente al saltar desde un avión, y hacer no sólo uno, sino dos, hoyos en uno.

De las ciento siete metas en la lista de Holtz, escrita en 1966, ha alcanzado ochenta y una.

Así que, ¡permítase soñar, ser totalmente idealista! (Richard Bolles dice: "Una de las frases más desafortunadas del mundo dice: 'Oh, por favor, sea realista'") Suba el Kilimanjaro, haga aportes para una universidad o un hospital, componga una ópera, funde un orfanato, conviértase en un mejor padre, toque la flauta en el Carnegie Hall, descubra la cura para una enfermedad incurable, obtenga una patente, aparezca en televisión, o planee algo equivalente —como si el dinero ni el tiempo fueran un factor. En realidad, ni el dinero ni el tiempo son los factores.

Haga que suceda: esté atento a las señales e indicios

Luego de escribir la meta, ¿cómo saber uno que se halla en la dirección correcta? Las señales aparecen todo el tiempo a nuestro alrededor —a veces hasta de forma literal. Mi hija Emily, corría por las laderas del Green Lake y vio a una jovencita de unos catorce años que iba patinando con un letrero atado a su espalda que decía:

CAMA TAMAÑO EXTRALARGO GRATIS. SÍGAME.

Resultó que su abuela se estaba trasladando de vivienda y estaba regalando una cama de tamaño extralargo con colchón, cabecera, cojines y un peinador —perfecto para una amiga de Emily que necesitaba amoblar su nuevo apartamento estudiantil.

Emily vive su vida en expectación constante de las buenas cosas que pueden ocurrir a su alrededor, y estas en consecuencia suceden. Emily sabe que siempre que la necesita, puede contar con ayuda, la cual puede provenir de fuentes insospechadas. En una ocasión ella estaba en la biblioteca del centro, afanada porque habría de escoger un tema para su ensayo estudiantil, cuando una voz, como si fuera del cielo, sacudió el silencio de la biblioteca:

"Todos los estudiantes que necesiten ayuda con sus tareas, por favor preséntense en el segundo piso".

Ella fue la única estudiante que respondió al llamado —y tuvo al jefe de biblioteca a su entera disposición en una sala de conferencias donde recibió una tutoría exclusiva e iluminadora sobre el asunto que necesitaba.

Con frecuencia he deseado, cuando me enfrento a una decisión o un dilema, que las nubes del cielo se aparten y una voz cósmica, al estilo Charlton Heston, me invite al segundo piso, donde el bibliotecólogo de la vida se siente conmigo por varias horas, y conteste pacientemente todas mis preguntas y me suministre guía.

"TODOS LOS QUE NECESITEN AYUDA CON LOS PROBLEMAS DE LA VIDA, POR FAVOR, SUBAN A MÍ AL SEGUNDO PISO".

El asunto es que sí hay disponible esa clase de guía directa y personal, pero con frecuencia no la oímos, ni la escuchamos.

O, si la escuchamos, la descartamos como si fuera un accidente, lo que derrota su naturaleza personal. Pensamos que esos indicios son "coincidencias" —eventos aislados que atribuimos a la casualidad. Yo prefiero catalogarlos como una invitación que dice: "Proceda". Dichos eventos son un indicio, una señal para actuar, una luz verde, el pitazo del referí en la pista: "En sus marcas, listos, ¡fuera!".

C. G. Jung llamó "sincronía" a cuando los eventos ocurren de forma coincidencial; algunos llaman a esto "mensajes del universo", o "conexiones cósmicas". Conllevan el sentido de que no se está solo, de que en la vida, sin importar cuán desastrosa pueda parecer alguna situación en algún momento, todo hace parte de un plan mayor.

Algunas personas creen que todos enviamos ondas energéticas, transmisiones, vibraciones, o lo que sea, para atraer a las personas y a las soluciones hacia nosotros. Otros lo llaman "intervención divina". Tales conceptos no son enteramente exclusivos —yo, por ejemplo, considero que ese tipo de situaciones tienen un poco de todo lo descrito.

Lo que tales conceptos tienen en común es una dualidad que, 1) nos pone al frente de la situación, a la vez que, 2) también implican un tipo de poder superior que nos guía, nos cuida y se interesa por cada uno de nosotros.

Cuando lo escribimos, enviamos una señal al universo, "Hey, ¡estoy listo!", y las indicaciones para proceder, significan un mensaje de respuesta: "Recibí tu mensaje, estoy trabajando en el tema".

Obtenga ayuda de su propio cerebro

Cuando escribimos nuestros sueños y aspiraciones es como si colgáramos un letrero que dijera: "Listo para actuar". O como mi amiga Elaine lo expresa, al escribirlo, usted declara que se haya dentro del juego. Ponerlo por escrito, alerta a la parte de su cerebro conocida como el sistema de activación reticular, a que se una al juego.

En la base de la raíz cerebral, de alrededor del tamaño de un dedo pequeño, se halla un grupo de células cuyo trabajo es clasificar y evaluar la información entrante. A este centro de control se le conoce como el sistema de activación reticular (SAR). El SAR envía los asuntos urgentes a la parte activa del cerebro, y los asuntos no urgentes al subconsciente, manteniéndose alerta —tal como cuando usted escucha el llanto de su bebé en la mitad de la noche, a través del pasillo, y se despierta del sueño profundo. El SAR evalúa los ruidos no esenciales de la noche, el grifo que gotea, los grillos, o el tráfico en la calle, y filtra los asuntos no urgentes, y le despierta únicamente para que pueda encargarse de los asuntos urgentes. El bebé llora, y en seguida la madre está lista para rescatar al infante de aquello que le molesta.

En muchos momentos de la vida se dan casos que resaltan la forma como funciona el sistema reticular cerebral. Por ejemplo, usted se encuentra en una sala abarrotada de gente, y escasamente puede escuchar la conversación de la persona que está hablando ligeramente por encima del ruido ensordecedor de la muchedumbre.

De repente, alguien pronuncia su nombre al otro lado de la sala. Y esa sola palabra inmediatamente interrumpe el mar de sonidos que inundan sus oídos. Usted gira su cabeza para mirar a quien mencionó su nombre, ansioso de sintonizar y evaluar la conversación que se está dando sobre usted; presto para saber si son buenas noticias y listo para defenderse si es algo negativo.

Ese es un buen ejemplo del funcionamiento de nuestro mecanismo de monitoreo, el sistema de activación reticular. Nos sintonizamos en lo que es específico y en aquello que nos resulta útil.

Y aunque usted crea que le está dedicando su atención indivisa a la persona con la que habla, la realidad es que su atención está siendo fragmentada y de forma subconsciente usted continúa muy al tanto de la torre de babel que hay a su alrededor, clasificando, clasificando y clasificando la información, al mismo tiempo que está hablando. Su nombre, cuando se pronuncia, sobresale de forma prominente como un rastro de oro en la grava del minero.

El SAR es como un sistema de filtro del cerebro. Cuando ponemos nuestras metas por escrito sintonizamos ese sistema de clasificación. Las cosas empiezan a aparecer —es un asunto que depende del sistema de filtro.

Si usted nunca ha tenido un Honda antes, y entonces compra un Honda azul, de repente usted empieza a ver Hondas por todas partes. Es posible que usted se pregunte, ¿de dónde aparecieron todos esos Hondas? La realidad es que siempre han estado ahí; simplemente usted no les había prestado atención.

Poner una meta por escrito es como comprar un Honda azul. Usted ajusta el filtro para que le ayude a estar consciente de las ciertas cosas particulares a su alrededor. Al escribir usted hace que el SAR se active, lo que a su vez le envía una señal a la corteza cerebral: "¡Despierta! ¡Presta atención! ¡No te pierdas este asunto!". Una vez usted escribe su meta, su cerebro empieza a trabajar horas extras para conseguirla, y estará listo para alertarle de las señales e indicios, que al igual que el Honda azul, están por todas partes.

Lustrando cocos

Con frecuencia, una meta, una vez se escribe, se materializa sin mayores esfuerzos de su parte. Por supuesto, no hace mal si "ayudamos un poco". Cuanto más atractiva presente usted su ambición, de la manera más agradable posible a otros, más querrán ellos participar en hacer que su sueño se haga realidad.

Yo utilizo una expresión para describir lo anterior: "Lustrando cocos".

En los años sesenta, los científicos estuvieron estudiando a los monos en una isla remota del Japón, los cuales retiraban la arena de las patatas dulces mediante lavarlas en un arroyo. Cuando la masa crítica de estos monos llegó a cierto número, los primates de otro grupo cercano empezaron a hacer lo mismo. Ken Keyes Jr. tomó este experimento como metáfora para ilustrar la responsabilidad personal del individuo para promover paz. Usted nunca sabe si será el mono número 100 que active la consciencia común para hacer que la gente entienda.

Yo utilizo la expresión "lustrando cocos" (algo un poco más llamativo que "limpiar la arena de las bayas") para explicar cómo la actividad en un lugar puede generar movilización en otra. Cuando usted demuestra su intención al registrarla en el papel, se abren las posibilidades, el mundo se pone a su disposición.

Mis hijos James y Peter, son dueños y administradores de una firma de diseño gráfico. Son trabajadores infatigables con mucha imaginación y creatividad, y su negocio está prosperando. Al inicio de cada mes, realizan una reunión de planeación donde escriben las metas del mes. Entonces, todos los lunes por la mañana escriben en un tablero las metas de la semana. Desde ese momento en adelante, saben que sus actividades —a menudo de forma indirecta— nutren esas metas. Lo que a menudo les sorprende es la cantidad de trabajo que reciben de fuentes inesperadas.

Peter y James expresan su entusiasmo cada vez que hablan del éxito que obtienen de "lustrar cocos", cuando están felices por una cuenta y otra se abre de forma inesperada en otro lugar. Peter da un ejemplo de esto:

"Nosotros queríamos generar más negocios para Bullseye Graphics, de modo que creamos un boletín y lo enviamos a nuestros clientes". Casi de inmediato empezamos a recibir llamadas telefónicas, pero lo interesante del asunto es que las llamadas no provenían de nuestros clientes; no correspondían a quienes hacen parte de las listas de distribución. Habíamos puesto todas nuestras energías en ellas, pero el teléfono empezó a sonar con nuevos contactos".

Ellos habían escrito la meta: queremos tener más exposición, hacer que el público conozca nuestro nombre. También tuvieron un quiosco en una muestra empresarial; enviaron publicidad a las compañías del área que pudieran estar necesitando ayuda en asuntos de diseño. Emprendieron un nuevo enfoque comercial con una oferta de lanzamiento ofreciendo un paquete de publicidad de promoción de identidad empresarial. Con todo, muchos de estos esfuerzos y gastos no dieron resultados de forma directa, pero lo que resultó totalmente inesperado y no pudiera haber sido anticipado fue que un día recibieron una llamada del *Wall Street Journal*. En este diario estaban preparando un artículo sobre negocios exitosos pequeños y en un centro de copiado les habían dado su nombre. El artículo salió publicado en internet y les dio toda clase de publicidad.

El complemento perfecto

Mi amiga Holly estaba interesada en contratar a alguien que le ayudara a hacer un infomercial. Yo le dije que escribiera su meta y a continuación empecé a "lustrar cocos" a su favor en mi pequeña isla. Llamé a varios amigos conferencistas para solicitarles recomendados y ellos a cambio me remitieron a algunos de los mejores en la industria. Yo estuve contactando a cada uno de ellos, les hablé de Holly, y obtuve buenas recomendaciones de parte de todos ellos. Después, hice lluvia de ideas con mi amigo John, quien había hecho un infomercial, con el fin de obtener sugerencias para compartir con Holly.

Cuando llamé a Holly de nuevo con toda esta información, ella ya había contratado a alguien —justo la persona perfecta se había puesto en comunicación con ella.

¿Significó eso que había perdido mi tiempo, y que mis esfuerzos habían sido del todo inútiles, ya que ella había encontrado a otra persona? En realidad no. Mi buen amigo y profesor Bob McChesney llama a esto, "revolver la olla".

Holly revolvió la olla al llamarme; yo rebullí la olla a favor de Holly, y su publicista anterior, quien ahora dirige infomerciales, llamó de la nada y ofreció ayudar a Holly justo con lo que necesitaba. Así es como funciona el mundo, y esa es la manera como las ruedas se echan a andar cuando usted escribe sus metas.

Cuando se "lustran los cocos", se crea una clase de sincronía junguiana, es decir, un tipo de convergencia de eventos significativos. Cuando uno pone sus metas por escrito para tener claro su compromiso, entonces hace que la actividad que se genera aquí, genere un movimiento relacionado allá.

Escríbalo para hacerlo realidad.

Nunca se sabe cuándo es el momento en que la señal que uno emite produce un efecto al otro lado de la isla.

CAPÍTULO 2

CÓMO SABER LO QUE SE QUIERE PARA ESTABLECER METAS

¿Qué significa el "lo" en "escríbalo"? Cuando no se tiene la respuesta a esa pregunta, cuando uno no sabe exactamente cuáles son sus metas, puede utilizar la escritura para guiarlas en la dirección correcta. Si usted no sabe lo que desea, empiece a escribir. La escritura construye su propio significado.

La historia de Marc

Marc Acito y yo nos conocimos en la Ópera de Seattle en la presentación de Turandot, de Puccini, donde él participó cantando la parte de Pong, el ministro chino. Cuando yo le conté que estaba escribiendo *¡Escríbalo y hágalo realidad!*, me dijo que tenía una buena historia para contarme. De modo que concertamos una cita para encontrarnos en el apartamento que la compañía de ópera había rentado para él en el barrio Queen Anne. Cuando llegué, me preparó un té acompañado de un pan crujiente y un plato a base de aceite de oliva. Luego, roció queso parmesano en el plato. Me contó su historia con gran entusiasmo a medida que rasgaba los trozos de pan y los impregnaba de aceite y queso, al mismo tiempo que me animaba a hacer lo mismo.

El mezzanine de atrás

"El ejemplo más sobresaliente que tengo de escribir algo y conseguir que se cumpliera tiene que ver con la decisión que tomé de convertirme en cantante de ópera. Esa decisión vino directamente como consecuencia de la escritura".

Marc me explicó que al principio fue a un conservatorio donde pasó por "una experiencia terrible". Él interrumpió sus estudios por un tiempo y se fue a vivir a Nueva York donde consiguió trabajo como acomodador en un teatro de Broadway. Las historias que escuchó de parte de los otros acomodadores eran más conmovedoras que lo que se presentaba en el escenario. El punto de viraje en su vida vino cuando su supervisor le pidió que sustituyera a otro acomodador que había muerto ese día.

"Yo me senté en el balcón y empecé a ordenar las hojas del programa con la compañera del hombre que había fallecido, y mientras lo hacía, ella me contó la historia de cómo había conocido a Ezio Pinza, cuando también trabajaba como acomodadora. Su historia fue impactante —su logro más grande estaba reflejado en la gloria de otra persona. Ella era una mujer amargada, y esa amargura se derivaba de sentirse marginada".

Marc empezó a trabajar en una obra basada en la historia de esa mujer. El nombre que dio a su obra fue El *mezzanine de atrás*. La obra trataba sobre dos mujeres, una joven y una mayor, que noche tras noche, entregaban hojas de programas e indicaban la ruta en la parte de atrás del teatro donde trabajaban. La mujer joven ansía cantar en la ópera, pero siente mucho temor de intentarlo. La mujer mayor había deseado ser cantante de ópera, pero se había dado por vencida y había pasado el resto de su vida en el *mezzanine de atrás* de su propia vida.

"Resulta que ambas mujeres son cada una la mitad de la misma persona", continúa Marc, riendo un poco. "Allí es donde probablemente todo se complica. Pero tienes que entender que era la primera obra escrita por alguien de 22 años". Cuando escribió, Marc sabía muy poco sobre el tema de la ópera, y no tenía ningún interés de involucrarse en el tema como carrera. Utilizó la ópera *Tosca* como tema sólo porque un amigo suyo le sugirió que en esa ópera, *Tosca* se arroja desde el pretil del balcón. "Perfecto, pensó Marc; ahora la anciana comete suicidio en el último acto y se arroja desde el *mezzanine de atrás*". Marc se ríe con estrépito al recordarlo. No tenía ni idea sobre quién o qué era Tosca. Su amigo hizo sonar una grabación con las tonadas más famosas y le mostró la traducción. Marc ni siquiera terminó de escuchar la ópera completa.

Luego de estar durante un año en Nueva York, Marc regresó a la Universidad de Colorado, donde continuó trabajando en la obra. Estando allí, ganó un concurso, y el premio de este era que la obra sería producida. Entonces, cuando observaba cómo sus palabras cobraban vida en la tarima ante sus ojos, tuvo una revelación.

"Increíblemente yo no estaba al tanto de gran parte del mensaje que escribí hasta que me senté en el auditorio y escuché de vuelta mis propias palabras. Estaba frente a una obra que yo mismo había escrito sobre una persona que tenía el coraje de seguir tras los sueños de convertirse en cantante de ópera, sin siquiera darme cuenta que eso era lo que yo realmente quería hacer".

Marc descubrió que él mismo estaba formulando la misma pregunta que planteaba la obra.

"La pregunta para mí era: ¿Voy a salir al escenario, o voy a quedarme en el *mezzanine de atrás*? ¿Voy a estar bajo el foco de atención, frente a todo el mundo, o voy a estar, metafóricamente hablando, en el segundo plano de mi propia vida, observando a otros salir al escenario?".

Marc mencionó la obra de Julia Cameron, *The Artist's Way*, en la que ella habla sobre "artistas en la sombra", personas que viven en la gloria que reflejan otros artistas, sin querer asumir su propio talento.

"Tenía que preguntarme a mí mismo: ¿Voy a estar yo en la sombra?".

"Dado que lo escribí, y lo vi representado, me di cuenta que quería ser cantante de ópera. Mi profesión ocurrió como resultado directo de la obra".

Entonces Marc visitó el Departamento de Música de la Universidad de Colorado para buscar un profesor de canto.

"Emprendí mi misión con el mismo entusiasmo con el que saludé por primera vez al profesor. Y dado que era tenor por tener una voz fuerte, de inmediato fui invitado a cantar en los recitales del Departamento de Música y en las clases de desempeño".

Ese mismo mes se hicieron audiciones para participar en el Festival de Ópera de Colorado Springs, y Marc llegó a ser parte del coro. Tres meses después de haber escrito la ópera, cantó su primera línea en solitario para una ópera; fueron tres palabras memorables, "Un inicio humilde", pero en realidad, fueron, un gran inicio.

No mucho tiempo después, Marc recibió su primer papel principal. Cantó la parte de Spoletta en *Tosca* para la Ópera Colorado en Denver.

Entonces, entre bambalinas escuchó una voz soprano cantando la misma aria que había utilizado en su obra. De repente, se dio cuenta de la ironía de todo ello.

"Me detuve y miré a mi alrededor, y pensé: 'Ahh, aquí estoy, aquí estoy en *Tosca*. ¿Quién lo hubiera imaginado?'".

Durante los siguientes 10 años, nunca terminaba un compromiso cuando ya tenía otro en reserva esperándole.

Descubriendo el camino

Desde esa experiencia decisiva en la que halló su destino en su propia obra, Marc continúa utilizando la escritura para descubrir su propio camino. Y cada vez que la técnica funciona (y eso ocurre a menudo), Marc comenta a otros lo experimentado con sorpresa y satisfacción.

Fue la escritura la que le hizo saber que necesitaba ir a Italia. Anteriormente había estado intentando sin mucho éxito aprender a hablar italiano con el fin de progresar en su carrera en la ópera. Las clases que tomaba por las tardes en la universidad no lo estaban llevando a ningún lugar. Después de tres semanas de clases escribió en su agenda respecto a su impaciencia por buscar resultados, cuando de repente surgió una nueva meta.

"Me siento frustrado conmigo mismo. No estoy logrando fluidez con la rapidez que quisiera. A este ritmo mi italiano no será lo suficientemente bueno para cantar *Turandot* bien".

Entonces la escritura le dio la respuesta:

"Lo que necesito es ir al país mismo a estudiar. Si pudiera estar en Italia durante un mes, lograría progresar bastante".

Cuando escribió eso, pasó por alto el asunto. Lo que él necesitaba era una inmersión total en el país, donde pudiera hablar con los hablantes nativos del italiano. Su declaración la escribió de forma condicional:

"Quiero ir a Italia a aprender el idioma y quedarme allí durante un mes".

El único asunto que le inquietaba era cómo hacerlo y cómo costearlo.

Una semana después, un profesor de la universidad anunció que ese verano una organización italiana estaba dando unas becas para estudiar el idioma en Italia durante un mes.

"En el instante que escuché el anuncio, supe que eso era para mí. Nunca tuve dudas en mi mente". Marc aplicó para la beca y la obtuvo.

Los contactos comerciales

Antes que Marc viajara a Italia, escribió una lista de lo que quería hacer mientras estuviera en el país. En primer lugar, las cosas usuales que hace un turista, lo que incluía las cosas que quería ver y los lugares a los que quería ir, como por ejemplo, la ciudad natal de Shakespeare y de Puccini. También escribió sobre cosas que consideraba una prioridad, como hacer amistad con una familia italiana que le invitara de nuevo a visitar el país.

Cuando escribía, surgió una meta en la cual no había pensado antes:

Establecer contactos comerciales mientras estuviera de visita.

"Me asusté cuando escribí eso; era pedir demasiado". Pero pensé que en vista de que ello había fluido a través de mi lápiz 'tenía una dimensión espiritual'. Aquello era algo ambicioso. No podía negarlo".

Todas las cosas que Marc había registrado en su lista sucedieron. Marc visitó las ciudades que quería conocer, se hizo amigo de una familia italiana, quienes le dijeron que era bienvenido en su casa las veces que quisiera visitarlos; y en su última noche en Italia, por causalidad, el jefe del Festival de Puccini, le escuchó cantar en una fiesta escolar. Este hombre era el encargado de realizar el casting para las óperas del festival anual que se celebraba en un anfiteatro al aire libre en la ciudad de Puccini todos los veranos. La audición frente a este hombre eran un honor y un privilegio difíciles de obtener, pero aquí estaba Marc gracias a un amigo del director de la escuela.

"Cuando lo pienso, todo aquello fue extraordinario. Yo estaba allí con una beca especial, no para cantantes de ópera, sino para estudiar italiano. Pero logré mucho más de lo que había imaginado".

La escritura en reversa

Cuando Marc escribió su obra, no se percató de los anhelos que había en su propio corazón. De alguna manera estaba escribiendo en la dirección opuesta. Tenía las respuestas antes de tener las preguntas. Este enfoque "ciego" coincide perfectamente con los ejercicios de *El día de Laura*, en su singular libro *Practical Intuition*. Marc me habló de una situación cuando uno de los ejercicios se combinó con su escritura en un punto de viraje en su vida. Él explica lo que ocurrió:

"*El día de Laura* recomienda escribir algunas preguntas, doblarlas y colocarlas de forma aleatoria en sobres enumerados. Durante el curso de algunas semanas, usted 'contesta' las preguntas mediante escribir historias, pero usted no sabe cuál pregunta está contestando, tampoco puede analizar la historia sino hasta después que ha sido escrita".

Lo que se sugiere en la actividad es no hacer una narrativa formal, sino más bien copiar ideas rápidamente a partir de las imágenes que vengan a su mente cuando la persona esté en una situación tranquila. De hecho, Laura recomienda "permitir que la imagen construya la historia por sí misma".

A Marc le intrigó este desafío. La imagen que vino a su mente era la de un jovencito que se estaba ahogando. Esta es la historia que escribió:

Un joven se ahoga en un lago y se va para el cielo, el cual tiene muchos arcoíris y nubes rosadas y otros niños. Entonces regresa al lago donde es salvado por una mujer bondadosa de mayor edad, quien anteriormente había sido campeona en natación. La foto de los dos aparece en los periódicos y ellos se hacen amigos de por vida. Todos los años ella le envía al joven una tarjeta de Navidad desde su casa en Roma.

Luego de escribir esta historia, él tomó un sobre y lo abrió.

La pregunta era: ¿Debería ser yo de la iglesia episcopal, de la iglesia católica o de ninguna de las dos?

Marc quedó sorprendido.

"Aquello era una afirmación extraordinaria. El hecho que el niño fuera salvado, y luego el elemento de las aguas, las tarjetas de Roma en Navidad, todo eso tuvo sentido para mí. Yo continué escribiendo unas 10 páginas más en mi agenda, analizando los elementos, planteándome la pregunta, '¿Qué significan todos estos elementos?' Aquello no hubiera podido tener sentido para nadie más".

"Lo primero que hice la mañana siguiente fue llamar al reverendo de St. John Fisher para decirle que quería convertirme al Catolicismo".

Marc se registró para recibir las instrucciones y la Pascua siguiente fue bautizado y confirmado en la fe católica.

Ahora es cantor en las misas en la iglesia de St. John, y conduce los coros de la iglesia todos los domingos.

Teniendo contacto con lo divino

¿Por qué es tan difícil a veces establecer una meta y articular lo que queremos?

¿Nos sentimos inseguros de lo que queremos, o pensamos que no somos dignos? ¿Tememos aparecer como ambiciosos? Cualquiera de estas cosas nos pudieran afectar, pero Marc tiene otra posible razón, emprender aquello que parece dificultoso.

"De forma inherente, a todos nos asusta la idea de lo sublime. Pienso mucho en la expresión 'artista en la sombra' porque todos nosotros, en grado mayor o menor, vivimos la vida en el mezzanine de nuestra vida. Pero existe un deseo constante de avanzar hacia la luz del escenario, la luz divina, si queremos llamarla de ese modo".

Y aun cuando nos sentimos atraídos a la luz, nos asusta y nos retiramos.

"Todo el tiempo ocurre eso: la gente minimiza sus sueños".

En vez de ser un "artista en la sombra", emprenda la acción y alcance lo divino en su vida.

• AHORA ES SU TURNO •

El subconsciente se expresa de muchas maneras. En el caso de Marc sucedió a través de la escritura de una obra y después al verla puesta en escena. Su subconsciente creó un personaje que era un reflejo de sus propios anhelos.

¿Cómo puede una persona saber lo que desea hacer? ¿Cómo determinar sus metas? ¿Cómo concentrarse en medio de tantas ideas y escoger lo importante?

Si usted no se siente seguro de lo que desea, y del sitio al que quiere llegar, permita que la escritura le guíe en el camino para obtener lo que quiere.

1) Escribir temprano en la mañana se convierte en el vehículo perfecto para cristalizar los deseos. Programe el reloj despertador para que suene quince minutos antes de la hora en la que normalmente se levanta y empiece a escribir tan pronto se despierte. Lleve un cuaderno y un lápiz a

su cama, escriba los pensamientos que pasan por su mente, aun si está somnoliento. Escriba sobre la irritación que siente en sus ojos si siente alguna, si lo desea puede volverse a dormir, escriba sobre eso; esto se convierte en un ejercicio de calentamiento antes de que la actividad real empiece. Luego que usted termine de quejarse de las cosas, su lápiz empezará a guiarlo en la dirección correcta. Haga esto sin falta durante dos semanas sin volver a leer lo que escribió. Luego, al final de las dos semanas, lea lo que escribió y observe el patrón.

2)   Piense en tres preguntas sobre su vida, escríbalas en hojas separadas de papel, doble los papeles y colóquelos de forma aleatoria en sobres enumerados. Permita que transcurra un periodo de varios días o hasta semanas, medite al respecto, y luego, de forma rápida escriba una historia breve sobre aquello que capte su atención o que venga a su mente. Después de escribirla, abra uno de los sobres y vea cuál de las preguntas se contesta. Para obtener más detalles sobre esta técnica consulte *Intuición práctica en el Día de Laura.*

3)   Mediante la escritura, su subconsciente le permite saber qué es lo que desea. La escritura nos habla, nos da pistas, y a veces esas pistas se presentan de formas sutiles. Preste atención cuidadosa. Utilice su escritura para interpretar los símbolos.

Y piense en grande. No tenga temor de tocar lo divino en su propia vida.

En su discurso inaugural, Nelson Mandela dijo: "Pensar de forma limitada no ayuda al mundo. ¿Quién es usted para que no piense de forma grandiosa?".

CAPÍTULO 3

REUNIR IDEAS: UN BUZÓN DE SUGERENCIAS PARA EL CEREBRO

Tan pronto usted comience a escribir sus metas, su cerebro empezará a enviarle toda clase de material nuevo: innovador, ideas energizantes para planear y expandir sus anhelos. Eso significa buenas noticias.

Pero tenga cuidado. Usted olvidará los mejores planes y las mejores ideas si no desarrolla un sistema para registrarlas y posteriormente revisarlas.

Diluvios de ideas grandiosas vienen por momentos y, luego se desvanecen rápidamente.

"El horror de aquel momento *nunca*, nunca lo olvidaré", dice el rey en *Alicia en el país de las maravillas*. La rápida respuesta de la reina es: "Lo harás si no escribes un memorando al respecto".

Lo que yo recomiendo es llevar una agenda pequeña para apuntar las ideas a medida que estas pasan por la mente. En muchas compañías de renombre, se ponen buzones de sugerencias en la pared y se invita a los empleados a depositar sus comentarios con ideas creativas. De la misma manera, esa pequeña agenda se convierte en un buzón de sugerencias para su cerebro, y por el hecho de portarla con usted, puede registrar ideas interesantes e importantes.

Un ejemplo de un cuadernillo para recordar es el de un cuaderno de bitácora.

Mi gran amiga Nancy utilizó una expresión cuando estaba construyendo una casa en Texas: "Tú no puedes construir una casa sin un cuaderno de bitácora".

La expresión "un cuaderno de bitácora" es una expresión náutica. El esposo de Nancy es un capitán jubilado de la Marina. En algún momento ellos vivieron a bordo de un navío de cuarenta y un pies. En la Marina se utiliza un libro de memorando grande, cocido con hilos verdes, para llevar registro de las actividades que ocurren en el área del timón, y se utilizan otros libros más pequeños para registrar otros asuntos en diferentes partes del barco. Todo miembro de la tripulación lleva registros, desde el capitán hasta los marineros. El libro de memorando asegura que se lleven registros exactos.

El primer contratista con el que Nancy estuvo trabajando en Texas constantemente hacía promesas que luego no cumplía, lo que generaba mucha frustración en Nancy. Esto continuó ocurriendo hasta que ella encontró la solución: un cuaderno de bitácora para registrar los acuerdos.

Cuando Nancy dio al contratista el libro redondo, su desempeño mejoró de inmediato. Desde entonces el lema, "Tú no puedes construir una casa sin un libro redondo" se ha convertido en una frase atractiva para concretar la necesidad de capturar en el papel las estrategias para llevar a cabo cualquier proyecto grande que emprendo. Cuando tengo una meta por cumplir o un sueño bajo desarrollo, llevo un libro redondo dedicado exclusivamente a ese proyecto. De hecho, con frecuencia adorno el libro en su portada con el credo de Nancy antes de iniciar la nueva aventura. La frase, "Tú no puedes construir una casa sin un cuaderno de bitácora" aplica a muchísimas más cosas que solamente a construir una casa nueva.

Como vemos, llevar registro en un libro de lo que se hace implica mucho más que simplemente escribir. Puede propiciar el mecanismo para que se hagan las cosas.

Tener un instrumento para registrar sus pensamientos y mantenerlo cerca a nosotros le envía una señal al cerebro diciendo: "Estoy listo para recibir todas sus instrucciones".

Portar una agenda pequeña consigo da un lugar de honor a las ideas que nos surgen, y cuando lo hacemos, la parte de nuestro cerebro que produjo esas ideas se siente tan conmovida por la atención recibida que envía aún más ideas. La imaginación se convierte en un semillero de ideas maravillosas que nos ayudan a alcanzar nuestras metas.

Agendas pequeñas

Las agendas pequeñas son otro método de coleccionar ideas. En *Put Your Heart on Paper*, describo cómo Sara Rashad utilizó una agenda pequeña mientras viajaba para apuntar las imágenes y las frases que escuchaba durante el día. Luego, en la noche, ella transfería sus notas a una agenda de formato más grande, y complementaba su narrativa. Sara mencionó que llevar este librito no era simplemente para apuntar detalles, sino para prestar atención de manera atenta a todo lo que sucedía a su alrededor. Dijo que ello le ayudaba a sintonizarse con "cada momento vivido".

Cuando conduje un seminario de dos semanas en Skyros, Grecia, ante una audiencia internacional, traje conmigo, desde los Estados Unidos algunas agendas, replicas de los libros de composición clásicos con cubiertas en imitación mármol, y en cada agenda escribí el nombre de cada estudiante y la palabra "trocitos".

Les pedí a mis estudiantes que llevaran consigo los libritos y que apuntaran las ideas que vinieran a su mente y que quisieran expandir más tarde, o planes que quisieran llevar a cabo cuando regresaran a sus países.

El segundo día me comentaron animadamente que tener a la mano algo para registrar sus impresiones hacía que sus sentidos se mantuvieran más alerta. Les ayudaba a notar más cosas, y a estar más atentos. Les animaba a pensar más.

Todavía me impresiona cuando recuerdo a mis estudiantes tomando notas por todas partes —en la playa, en la taberna, en el museo del folclor. Cierta noche fuimos a bailar en un club nocturno en un extremo del Egeo llamado Skyropoula. Y allí estaba Briano, uno de los miembros de la clase, en medio de la algarabía, sentado en una esquina con un vaso de retsina, registrando sus pensamientos fugaces sobre el papel, con la diligencia de un reportero. Tenía un semblante muy feliz en su rostro.

Al terminar las dos semanas, mis estudiantes sabían que esto no era algo que sólo había de hacerse durante un curso de verano, sino algo que debían hacer por el resto de sus vidas. Les asombró considerar lo mucho que transformó su experiencia en Grecia el haber llevado esos pequeños libros consigo.

"Me encontré", dijo Nonnie de Surrey, "extasiada, como si hubiera vivido el doble de lo que había vivido antes, y la diferencia radicó en que estuve prestando mayor atención a las cosas".

Como lo consideramos en el capítulo 1, eso se debe a que el llevar un pequeño diario hace que uno esté más sensible a la actividad del SAR (sistema de activación reticular). Tener una bitácora o una agenda pequeña a la mano estimula al tálamo a alertar a la corteza cerebral. Es como si le dijera: "Despiértate. Abre tus ojos. Mira y observa. Mantente alerta a lo que ocurre a tu alrededor. La vida esta de tu lado".

Llevar registro de las señales permite que más adelante las podamos procesar.

Un cambio en la conversación

El "buzón de sugerencias para el cerebro" no tiene porqué ser un espiral o un cuaderno cocido. Para algunos funciona escribir sus pensamientos y experiencias en tarjetas pequeñas.

En un viaje de negocios reciente a Manhattan, tuve la oportunidad de visitar a John Sexton, el carismático y energético decano de la Facultad de Leyes de la Universidad de Nueva York, y anterior entrenador de debates en mi secundaria.

Yo había leído un artículo sobre Sexton en *The New York Times Magazine* donde se mencionaba su hábito peculiar de tomar notas durante el transcurso del día, y tenía curiosidad de saber más al respecto. Sexton se sintió complacido de explicarme su "buzón de sugerencias sextoniano", el cual es tanto portátil como efectivo.

El decano lleva consigo una resma de tarjetas blancas sin líneas tamaño jumbo en el bolsillo de su chaqueta. Entonces cuando sucede algo que llama su atención, escribe una nota en su tarjeta (una tarjeta por suceso), la cual escribe *de forma vertical*.

Luego, una vez que ha registrado el asunto con tinta negra en la tarjeta, está listo para atender los demás asuntos. Cuando hace esto, en muchas ocasiones le gusta decir, "asunto atendido".

Sexton escribe en las tarjetas cualquier cosa que no desea olvidar, sea un asunto personal o profesional.

"Si no estoy pensando en mi familia, estoy pensando en la facultad; entonces algo viene al banco de mi memoria. O tal vez, esté revisando para ver si hay algo que debería estar haciendo, o que debí haber hecho, en casa o en la facultad".

Antes que el asunto se olvide, lo apunta.

Sexton dice que concibe sus ideas mientras camina por el Washington Square Park, o cuando se dirige en automóvil hacia una cita. A veces, las ideas vienen a su mente en la mitad de la noche, o mientras se afeita.

"Puede tratarse de un asunto sobre cómo implementar una nueva directriz en la facultad, o algo inusual o algo que considero inspiración".

Donde quiera que esté Sexton hay una tarjeta a su alcance. Entonces la toma y escribe el elusivo pensamiento.

"O quizás, en medio de una conversación, surge una idea; surge en la mente algo sobre lo que no había pensado antes. A veces esas ideas sobreviven a la conversación, pero a veces no. Entonces lo que hago es escribir la idea en la tarjeta para asegurarme que sobreviva".

Sexton desecha las tarjetas que tienen que ver con citas pasadas o las que tienen datos informativos procesados. Otras son dadas al miembro de la facultad que corresponda y las demás las mantiene en un archivo hasta que se haga el trabajo.

Sin embargo, para Sexton, su sistema de tarjetas es mucho más importante que confeccionar una lista de cosas "para hacer", las cuales se pueden delegar o evacuar fácilmente.

Sus tarjetas constituyen una parte integral de su estilo de liderazgo. El decano tiene reflexiones filosóficas profundas que juegan un papel fundamental en su visión de comunidad en la universidad donde trabaja y en su posición como líder. Él llama a todo esto el "modo aspiracional".

"Siempre hemos entendido a nivel cultural en diversos grados el poder de la palabra y la función del líder es comprender las cosas de forma más cabal que los demás. Concretar los asuntos permite actuar sobre estos. Si usted logra articular aquello que está dentro del alcance de la comunidad, pero sobre lo cual no se ha actuado, la articulación de la meta puede hacer que la comunidad avance hacia la acción. Y lo mismo aplica a todas las personas. Cuando una persona articula una necesidad, una oportunidad, o un concepto, hará que su mente atraviese las diferentes etapas necesarias en el proceso".

Sexton agrega con énfasis: "No es cuestión de atrapar las oportunidades, es cuestión de *notar* que las oportunidades siempre están ahí".

El liderazgo radica en hacer que otros noten las oportunidades que están ahí, y en formularse preguntas. El trabajo del líder es llevar a la comunidad a plantearse el tipo de preguntas correctas.

"Usted no va a conseguir las respuestas, ni tampoco va a tener creatividad necesaria si no se hace las preguntas".

Sexton es muy enfático en este asunto.

"Voy a expresarlo del siguiente modo: otra forma de ver las tarjetas es que estas crean una agenda de preguntas que estoy planteando. Yo no voy a obtener respuestas a menos que plantee preguntas, y a menos que me ponga bajo la obligación de saber el por qué o el cómo".

"Las tarjetas me obligan constantemente a plantear tipos de conversación diferentes con la comunidad o con la gente de la facultad".

Ese tipo de conversaciones están orientadas hacia la acción, y guían al decano Sexton a plantear preguntas que incentivan al desafío y que presionan hacia lograr que las cosas sean posibles.

Recolecte los cumplidos: puede capitalizar sobre estos

Como cualquier persona que ha hecho colecciones lo sabe, desde tapas de botellas, gorras de béisbol, monedas, o estampillas, las cosas tienden a multiplicarse cuando reservamos un lugar para estas. Antes de publicar mi primer libro, fui al banco y abrí una cuenta llamada "Bestseller" para depositar allí el dinero recibido por el libro. Sentí nervios, y me sentí un tanto tonta porque tenía la cuenta en ceros cuando la abrí. Pero dado que tenía una cuenta para depositar los fondos del libro pronto me encontré consignando allí los avances y mis cheques por regalías. Hoy en día me produce mucho placer cuando vendo mis libros en una convención y alguien me pregunta, "¿A nombre de quién debo girar el cheque?". Entonces sonrío de oreja a oreja y digo con orgullo: "Gíralo a la cuenta Bestseller".

Los cumplidos son como el dinero en el banco. Nos dan sentido de seguridad y nos permiten tener reservas para los tiempos de necesidad.

Designe un lugar para contenerlos, un lugar donde estos deben ir. Entonces observará que su cuenta crece.

Con la alegría y exuberancia que lo caracterizan, Marc Acito me mostró en una ocasión un libro verde, antiguo y desgastado de contabilidad que había conseguido en una tienda de libros usados. Me dijo que había despedido a su crítico interno y en cambio había contratado a un escuadrón de apoyadores.

"Decidí escribir los nombres de todas las personas que me habían apoyado de una forma o de otra. Registré doscientos diez nombres en el libro".

Marc señala una entrada en el libro y dice:

"Yo estaba en mi primer año en el Carnegie-Mellon. La primera vez que alguna vez canté frente a la clase, una mujer en la fila del frente suspiró. Aquello hace parte de la lista de cosas que han significado mi éxito. Fue un momento fugaz, muy fugaz".

Y ahora que Marc tiene su libro para registrar los cumplidos, continúa recolectando nombres e historias.

"Mi oído está ahora más atento. Alguien dice algo agradable luego de una presentación, un admirador solicita un autógrafo, recibo una carta con elogios de alguna persona, todo ello lo registro en mi libro".

"Yo escribo lo que la gente dice de mí. Escribo sus palabras entre comillas y su nombre al final, todo para recordarlo después, para volver a tener esa sensación de cuando lo escuché por primera vez".

Ahora bien, usted no tiene que hacer parte del mundo del espectáculo para recibir cumplidos.

Yo empecé un libro de cumplidos para mí y le di un ejemplar a cada uno de mis hijos. Les animé a registrar todas las cosas agradables que la gente dice sobre ellos.

Como lo descubrió Marc, un libro de cumplidos puede neutralizar las críticas, y aun esa voz interior que a veces intenta sembrar semillas de duda y desilusión. Y si usted está titubeando con su sueño, consultar el libro de cumplidos puede hacerle recordar las buenas cualidades que otros ven en usted. De forma colectiva los cumplidos también son señales e indicios, revelaciones que dicen: "¡Adelante!" Cuando considere lo que revela el patrón de los elogios obtendrá más fuerzas de las que cree que tiene para lograr sus metas.

Llene los espacios vacíos

La totalidad de este libro trata sobre cómo convertirse en un imán, un receptor, una aventura que va a suceder. Cuando usted se permite tener un libro de colecciones, lo mágico tiende a ocurrir con más frecuencia.

Por ello es que "llenar los espacios vacíos" de un libro que se ha nutrido a través del tiempo puede convertirse en un buen negocio. Usted pone espacios en blanco, los cuales están en espera de las buenas cosas que pueden llegar a ocurrir.

Hace años solicité un diario de ópera del catálogo de la librería Rizzoli. Este librito en realidad es una gema —muy refinado, con grabado de arte victoriano, hay rollos y flores decorando sus trescientas páginas de borde brillante. Me encantó a más no poder. Su forro pequeño y claro, las hojas diminutas y la bonita separación de las secciones me fascinaron. La primera mitad de este pequeño tomo es un índice de temas, una sección donde se pueden registrar presentaciones y directores en orden alfabético. La segunda mitad inicia con la ilustración de unos querubines que sostienen un letrero que dice: "Aquí comienza el diario". Esta sección consta de páginas numeradas y de referencias cruzadas con los listados del frente. En la sección del diario, en la parte superior de cada página aparece una guía gris, donde le recuerda al escritor de escribir lo esencial: el "nombre" de la ópera, la "fecha" de la presentación y el "lugar" donde se presentó. Fue esa la columna que me desconcertó.

Puesto que me estaba trasladando a Seattle, el único "lugar" a donde fui a la ópera fue aquí. De hecho, tenemos una compañía de ópera de primera clase y atraemos a las voces más importantes a nivel internacional. Sin embargo, continuaba pensando en lo aburrido que sería escribir únicamente "Seattle" en la parte superior de todas las páginas en la sección "lugar".

Tal como Sir Edmund Hillary subió al Monte Everest porque estaba allí, me resolví a poner algo de variedad en la última columna, simplemente porque estaba allí.

Poco después, mi amiga Nancy, en aquel entonces viviendo en San Diego, me invitó a visitarla. Yo le dije que quería ir cuando estuvieran presentando *La Traviata*, y ella estuvo complacida de comprar los tiquetes para ella y para mí.

En esa presentación escribí algo "diferente" en mi columna "lugar".

Unas semanas después, se me pidió dictar un taller en Nueva York; la compañía tenía dos fechas disponibles. Yo revisé el horario de la Ópera Metropolitana antes de optar por la segunda fecha, la cual coincidía con Rita Hunter interpretando a *Salomé*. Aquello fue divertido. Desde ese momento, hice que mis viajes a Nueva York en lo posible coincidieran con noches de estreno y debuts de mis cantantes favoritos.

También extendí mi plan a otros viajes relacionados con el trabajo. Las líneas blancas en mi librito de ópera fueron la madre de la invención. Y las ideas continuaron fluyendo para llenar la columna "lugar" de forma creativa. Mi editor de *Writing on Both Sides of the Brain* vivía en Minneápolis. Necesitábamos reunirnos personalmente para arreglar detalles de la edición final. Yo programé las fechas con él para coincidir con el tour "Met in Minneapolis". Durante el día, tenía sesiones intensas con mi editor, pero de noche, me las arreglé para asistir a seis óperas metropolitanas una tras otra. (Cada noche decía, "No existe una mejor ópera que esta", pero la noche siguiente, mejoraba aún más.) Me gusta pensar en el ritmo de esta música majestuosa en los interludios de mi trabajo.

Mi mayor hazaña fue cuando hice una presentación en El Cairo, Egipto, y pude coordinar mi trabajo para asistir a la ópera *Aida* en las afueras de Luxor, en el desierto. El telón de fondo era el Templo de la reina Hatshpsut, en el Valle de los reyes. Este de seguro, era un "lugar" digno de ser registrado.

El diario de la ópera de Rizzoli tomó vida por cuenta propia, y llenar sus espacios cambió mi vida.

En algún momento empecé a preguntarme por la parte alfabética del libro. ¿Para qué más podría utilizar esta sección aparte de organizar los títulos de las óperas, artistas y compositores? Pensé que sería ingenioso incluir autógrafos allí.

De modo que empecé una campaña de conocer a las estrellas entre bambalinas y conseguir sus firmas. En el último conteo enumeré cincuenta y un autógrafos, incluyendo los de lumbreras como Placido Domingo, Jerome Hines, Kiri Te kanawa, Carol Vaness, y compositores como Alan Hovhaness, Carlisle Floyd y Daniel Catán.

Ahora necesito ordenar un nuevo diario de ópera. El que tengo está lleno. Lleno de diversión, lleno de aventura y de viajes como nunca lo hubiera imaginado cuando solicité el primero.

Y eso es lo que cualquiera de los buzones de sugerencias para el cerebro puede hacer por usted. Tener un registro sobre el papel cambia la conversación en su propia cabeza, y eso ocurrirá sin importar cuál sea su buzón de sugerencias —un libro redondo, una agenda pequeña, o unas fichas. Mantener registros le ayuda a prestar atención, a nutrir sus ideas, a recordar sus motivos de inspiración. Lo empuja hacia lo posible.

• AHORA ES SU TURNO •

1) Consiga una libreta de apuntes tamaño bolsillo. No se necesita estar en un seminario o en otro país para registrar pensamientos útiles y empezar a notar nuevos aspectos de la vida alrededor. Las páginas portátiles, incentivan su cerebro a buscar maneras de llegar a la meta, y le permiten registrar los elogios de las demás personas, visualizar la orden de salida, y ver las señales e indicios que indican que se está en el camino correcto.

2) Durante una semana, sustituya el cuaderno de registro por las tarjetas de información. Escriba un sólo pensamiento por tarjeta; a continuación escriba otras ideas que acompañen la idea principal según vayan surgiendo en la mente. Al final de la semana pregúntese: ¿En qué sentido es diferente este sistema a otros que he empleado? ¿Me

gustaría continuar usándolo o volver a utilizar el anterior? ¿Comparando el número de entradas, aumentó o disminuyó? ¿Resultó más fácil de organizar la información y archivar su contenido? Elija el mejor método que se ajuste a sus gustos y necesidades. Cámbielo de vez en cuando.

3) Busque en la tienda material de llenar espacios que refleje sus intereses, o alguno que le gustaría cultivar. Las aplicaciones son ilimitadas: hobbies, eventos deportivos, inversiones; y luego, observe lo que sucede cuando busque la forma de llenar las entradas. Manténgase motivado con un sentido de urgencia llenando los espacios en blanco en un libro en forma de vino o de cigarro. Se sorprenderá al verse probando nuevas cosas, y pronto se hará experto en el tema.

O intente la siguiente idea de una amiga que se cambió de vecindario y experimentó problemas para hacer nuevos amigos. Ella compró una libreta de direcciones y se determinó a llenarla sólo con los datos de los nuevos conocidos. Su libreta se convirtió en el vehículo para conocer nuevos amigos.

Aun si no se ha cambiado de casa, consiga una libreta para usted; resuélvase a ingresar los datos de personas nuevas, no los datos de los viejos contactos que ya tenga. Observe lo rápido que se llena. Pronto se dará cuenta que su vida se ha enriquecido a través de muchas amistades.

Si usted establece un buzón de sugerencias para su cerebro, pronto se hallará experimentando el doble de cosas que experimentaba antes.

CAPÍTULO 4

ALÍSTESE PARA RECIBIR

Napoleón Hill dijo alguna vez: "Existe una diferencia entre desear algo, y estar listo para recibirlo".

¿Cómo discernir la diferencia? ¿Cómo saber si se está listo o no? ¿Cómo saber lo que se necesita para alcanzar ese estado? La historia de Gloria es un ejemplo inspirador que ilustra bien lo que implica prepararse para alcanzar una meta.

La historia de Gloria

"Un hombre se presenta y dice, '¿Me permite invitarle a tomar algo?'".

Ella lo mira y se voltea hacia la amiga que estaba con ella.

"¿Deberíamos aceptar?".

Su amiga susurra, "Tengo que irme a casa", de modo que continúa, "que se quede solo un par de minutos".

El hombre se sienta.

"Y así fue. Así es como lo conocí. Estoy segura que los ángeles lo trajeron", sonríe ella, "porque ese era el momento".

Así me describió Gloria, aún con asombro y deleite la noche que conoció al hombre que llegó a ser su esposo.

Ellos empezaron a hablar; a ella le gustó su sentido del humor y la forma como vestía. La amiga que tenía algo de afán le hizo toda clase de preguntas pertinentes.

"Supimos que su nombre era Ted, y que era viudo desde hacía tres años, que tenía un hijo de 12 años, que era abogado, y toda esta información la tuvimos en menos de 10 minutos". Entonces él y yo tuvimos una especie de flirteo, y mi amiga dijo: "Tengo que irme, ¿está bien? Y yo dije, 'No hay problema', y ella se fue".

Gloria y yo nos conocimos en un taller que yo estaba dictando en la ciudad de Nueva York.

Ella y Ted han estado casados ya por 16 años, sin embargo su historia de cómo se conocieron es tan fresca como si hubiera sucedido ayer. Una historia como esta no se desvanece y nunca es demasiado vieja para contarla. Es una tierna historia de amor, y más que todo lo demás, es una historia de preparación y paciencia —y una clave para aquellos que se preguntan, ¿qué significa estar listo para recibir lo que se desea?

Los dos charlaron por un rato, y luego, él se ofreció para llevarla a su casa.

Iban por la calle 45 y la avenida segunda cuando Ted se giró hacia ella y dijo:

"Creo que tú puedes ser la respuesta a las oraciones de mi madre a San Judas".

"Discúlpame. Tú eres la respuesta a las oraciones de mi madre a San Antonio".

Así fue como comenzó todo.

¿Cómo comenzó el asunto de las cartas?

Durante dos años, Gloria tuvo la convicción de que ese momento iba a llegar —sólo que no sabía cuándo. Lo que es singular en la historia de Gloria y Ted es que Gloria había estado escribiendo casi a diario cartas a Ted durante 22 meses antes de que se conocieran.

¿Cómo inició el asunto de las cartas?

Cierta noche, cuando estaba cerca a cumplir 40 años, Gloria estaba hablando con una amiga casada y le estaba explicando que ella quería tener un esposo.

"Fue mi amiga quien me dijo que cuando ella estuvo lista para tener a cada uno de sus hijos, había escrito cartas a un alma antes que sus hijos nacieran para así lograr tener el hijo que quería".

Gloria decidió adaptar esa idea a sus propias circunstancias. Ella empezó a escribir lo que ella define como "cartas a mi alma gemela". Esas cartas anticiparon un cambio en la forma de pensar de Gloria.

"Lo que hicieron esas cartas por mí fue que me ayudaron a sentir lo real que podría ser. Entonces pensé, si esto es real, entonces es un asunto de tiempo. Sólo tenía que esperar, y ocurriría".

Desde la mismísima primera carta, ella comparte con su compañero aún desconocido. Ella comprende a un nivel intensamente personal, que la disposición para recibir implica disponibilidad para trabajar en el asunto.

Amada alma gemela,

Mi alma se impacienta al pensar que podría estar sola el resto de mi vida. Pero cuando tengo claros mis pensamientos comprendo que mis sentimientos más profundos me dicen que eso no será así, que tú estás allí esperándome, y yo ansío estar contigo y estoy dispuesta a hacer concesiones y compartir para no tener una existencia solitaria.

Cada vez estoy en mayor contacto con mis sentimientos internos que nos mantienen separados. Y a medida que los identifico, nos acercamos más el uno hacia el otro. ¿Puedes verme también en tu corazón?

Que pronto podamos estar juntos.

Amén.

Gloria visualiza su deseo

Para continuar citando a Hill: "Nadie está listo para recibir algo sino hasta cuando cree que puede obtenerlo. El estado mental debe ser de creencia absoluta, no una simple esperanza ni un deseo".

Gloria estaba segura de eso, y utilizó la escritura para enfatizar esa seguridad mediante visualizar a través de sus escritos las cualidades que deseaba encontrar en un compañero.

"Si usted sabe lo que quiere, lo puede obtener. *Así es como funciona".* Gloria escribió continuamente sus visualizaciones de lo que sería el compañero ideal, cristalizando sus conceptos respecto a lo que quería encontrar en él. En primer lugar, ella quería que él "amara la vida" y también...

Él no le teme a la fuerza o a la debilidad en una mujer. Él la admira y la apoya.

Él me necesita. Él necesita mi visión y mi amor por la vida. Él se sentirá agradecido por mi optimismo.

Juntos no habrá nada que no podamos ser o hacer. Y podremos mantenernos en pie aunque estemos separados y apoyándonos el uno al otro.

Gloria escribió repetidamente su visión de lo que sería su amado, su personalidad, así como su apariencia.

Él tiene cabello crespo, ojos azules, contextura promedio, cintura forjada. Él comprende el modo de vida de una familia italiana. A él le gustan las mujeres con cabello rojizo, de baja estatura, con cuerpo esbelto.

A Gloria le asustó un poco ser tan específica, de modo que defendió su petición.

(Alma gemela, necesito concentrarme en esta visualización, para no desdibujar mi deseo real de tenerte conmigo).

Entonces continúa:

Mi hombre me comprende y sabe mis necesidades y deseos. Yo también conoceré sus verdaderas necesidades y deseos. Nos reiremos y jugaremos juntos.

Cuanto más lúcida sea su lista de "condiciones de satisfacción", más fácil será para el mundo poder cooperar en otorgar lo que usted desea.

Alma gemela, yo te veo como un hombre de mediana estatura, fuerte, bien parecido, con cabello crespo, ojos claros, manos fuertes; un hombre de integridad profunda y verdad espiritual, un hombre de negocios con sentido de seguridad y conocimiento sobre cómo producir y conservar el dinero. No por causa del dinero mismo, sino por causa del amor, de la paz y la abundancia que puede ofrecer el mundo.

Ella demuestra confianza en que ambos puedan compartir una conexión profunda así como la felicidad de participar en las mismas actividades al aire libre.

Tú tendrás un nivel alto de energía para llevar a cabo los proyectos y sin embargo tendrás la facultad de relajarte y descansar; de conectarte contigo mismo y con mi ser en nuestro matrimonio. Tú tendrás mis mismos intereses en los deportes, la música, el baile, el arte, y disfrutarás de pasar tiempo con los amigos. Te vestirás de forma agradable, cómoda y casual o formal, y querrás disfrutar de la vida tanto como yo. La sexualidad y la sensualidad estarán personalizadas en ti.

Gloria imagina cómo sería la vida con él:

Cada día yo concibo de forma más clara lo que será estar casada contigo. El sentido de bienestar, de amor compartido y de crecimiento mutuo.

Yo visualizo una relación cálida, amorosa y de respeto mutuo para que nuestras vidas crezcan.

Cuánto anhelo compartir mi vida y ser tu esposa. Que Dios nos conceda estar juntos, tan pronto como sea posible.

Amén.

Desechando lo que no es útil

Ted y Gloria se casaron en Febrero, once meses después de haberse conocido. Parece ser demasiado cierto para ser realidad. Sin embargo, Gloria reconoce que trabajó duro para merecer y alcanzar su meta.

"En el proceso de escribir, de visualizar, existe una rendición constante, una evaluación continua de las cosas que nos impiden alcanzar nuestra meta. No se trata simplemente de escribir cosas. Es un curso paralelo, tanto de escritura, como del trabajo que debe hacerse".

Gloria estaba informada lo suficiente para saber que los sucesos que ocurren (o que no ocurren) a nuestro alrededor con frecuencia son un simple reflejo de nuestra lucha interior.

Querida alma gemela,

Mi tarea últimamente ha sido la de deshacerme de los viejos fantasmas. Antes que pueda estar libre para estar contigo, debo dejar atrás el pasado. Eso es lo que me asusta ahora. Estoy en el abismo. Ese estado entre el antes y el ahora.

La mejor preparación ha sido reconocer lo asustada que estoy de amarte en tu ser físico. Podrás ver que he tenido distracciones para no estar contigo. Mi alma anhela y teme la intimidad que podamos tener juntos.

La respuesta para Gloria fue un acto de renuncia continua.

Querida alma gemela,

No te he hablado directamente por un tiempo. He estado dejando en manos de mi Padre mi deseo, esperando su obrar.

Continúo trabajando en mi renuncia interna y confío en que aquello que es un "no" en mi vida, se convierta en un "sí". Me comprometo a orar más, a meditar más, y a permitir un espacio para que tu obrar fructifique.

Ella asumió la tarea, y al mismo tiempo reconoció la frustración. Hubo días en que se sintió que ni siquiera quería salir a la calle.

Estoy en lo oculto, alma gemela. Hoy y ayer han sido días difíciles. Es el sentimiento de no encontrarte, de que tal vez Dios no tenga en sus planes el que nos conozcamos —lo cual es absurdo porque no sé cuáles son los designios de Dios. Sólo puedo tener fe.

Pero hoy sentí que podía ir tras cualquier hombre que pasara a mi lado. Me sentí desesperada. Cuando me siento así, quiero ponerme en lo alto o en lo bajo. Tú entiendes, por supuesto, que no me estoy ocultando de ti. Lo hago porque te quiero tener en mi vida.

Esta mañana y anoche me sentí tan sola y anhelé tanto tu presencia. Necesito abrazar y compartir. Tú puedes concederme estas cosas y siento que odio esperar por ellas.

Te quiero conmigo ahora pero sé que no es bueno exigir.

Cerca de un mes antes de conocer a Ted, Gloria alcanzó su nivel más bajo de desaliento. Ella conoció a un hombre del cual ella supo en su corazón que no iba a ser el elegido. Estaba tan descorazonada que no hizo conexión con él.

Yo estaba tan desalentada en ese momento. ¿A cuántos hombres tendría que conocer antes de conocer al hombre de mi vida? Estaba enojada y desvariaba, ¿a cuántos más?".

Pero gracias a su escritura, su desilusión no duró meses ni días. Duró veinte minutos y se desvaneció.

Fue como una pesadilla. Fue horrible y estallé en llanto. Parecía como si estuviera en lo hondo de la desesperación, pero justo allí recobré mi fe de nuevo. Otra vez volví a decir: "Esto es posible".

Así que volvió de nuevo a escribir.

Querida alma gemela,

Mi corazón sabe que necesita amor sólido, amistad y paciencia —así que esperaré por ti.

Por favor, ven a casa pronto.

El deseo de un cumpleaños

Después de haber escrito cartas durante un año, Gloria anunció su fecha límite en la víspera de año nuevo.

Querida alma gemela,

Este es un año importante para nosotros. Espero que estemos juntos para mi cumpleaños número cuarenta. Le he pedido a nuestro Padre que me conceda este deseo de cumpleaños. He alimentado mi fe completamente y estoy segura que nuestra hora ha llegado.

Estoy lista para ti. Exigir no funciona. La fe hará que podamos estar juntos.

Esperaré amablemente por ti. Conduciré mi vida de forma abierta y tú te presentarás.

Así que, por favor, ven pronto a mi hogar y comencemos nuestra vida juntos. Sí, este año cuarenta. Para mi cumpleaños, por favor.

Amo la vida que tendremos juntos, alma gemela, y estoy ansiosa de vivirla.

Entonces, una semana antes de su cumpleaños, ella se atrevió a utilizar por primera vez la palabra *esposo.*

Querida alma gemela y esposo,

Creo que vamos a estar juntos pronto. Durante años me he estado preparando para tu llegada.

Gloria, lo invita a su fiesta, indicándole la fecha, la hora y el lugar.

Quiero que estés aquí para mi fiesta de cumpleaños el próximo sábado 9 de abril, a las 8 p.m.

Pero él no llegó.

Aparentemente, Gloria necesitaba más preparación, más paciencia. Las siguientes cartas aceptaron la realidad, rehusando interpretar que aquello significaba que nunca vendría. Más bien, todo tomaría más tiempo.

Ruego que tus preparativos para estar conmigo y mis preparativos para estar contigo coincidan pronto. Amén.

Ser plenos

En la filosofía china del feng shui, la armonía de nuestro entorno refleja nuestro equilibrio interior. En sus preparativos para conocer a Ted, Gloria se encontró dinamizando los espacios donde ella trabajaba y vivía. Ella tomó la decisión de vivir plenamente estuviera casada o no.

"Ahora bien, siempre estaba el *deseo* de estar casada, pero tuve que mirar mi vida y preguntarme: 'Si nunca te casas, ¿cómo será tu vida?'".

En un momento significativo, Gloria decidió que no tenía que estar casada para tener una vajilla elegante, de modo que empezó a coleccionar Royal Dalton, y arregló algunos espacios como regalo para sí misma. Luego empezó a preparar cenas y tener invitados en su apartamento en vez de ser siempre la invitada en los eventos.

En vez de darse por vencida este asunto se convirtió en un tema de la calidad de vida.

A medida que daba cada uno de estos pasos validadores, ella los compartía con su amado.

Estoy pudiendo ser quien realmente soy, amor mío. Mis necesidades y mis deseos están todos expuestos. Mi estado de ánimo está mejorando y deberías ver mis acuarelas —estoy viviendo tan plenamente como puedo y anhelo tu presencia y mi nueva condición de esposa.

Me estoy convirtiendo en la mujer que quieres que sea, o al menos en la mujer que yo quiero que tengas. Estoy aprendiendo a vivir conmigo de modo que pueda aprender a vivir contigo.

Deseo que podamos estar juntos pronto.

Te amo.

Aún cuando se estaba preparando para su encuentro con su novio, Gloria era consciente de que había beneficios para ella también.

Te he dicho muchas veces que me he estado preparando para que estemos juntos. Necesitaba sentir mi autonomía y entusiasmo por la vida de nuevo antes que estuviéramos juntos. En este último año he aprendido muchísimo y ello ha resultado vital para cuando estemos juntos. La lección más importante es la de saber que si no estamos juntos durante años, no habrá problema. Mi supervivencia no depende de que estemos juntos, sino más bien, el que juntemos nuestras vidas será un regalo y una recompensa en la vida. Algo muy especial.

¿Pudiera ser diferente?

Gloria compró una vajilla excelente, acuarelas, estuvo arreglando y decorando. Ella disfrutaba de un empleo bien remunerado, amigos y viajes. También continuó utilizando la escritura como medio de aprendizaje y de crecimiento. Entonces, ¿qué era aquello en su vida que le impedía ver cumplido su sueño?

Para iniciar, le asustaba la idea de los desacuerdos que podían surgir en el matrimonio. Muchas parejas que conocía tenían peleas constantes y en muchos casos la pasión se había perdido.

Querida alma gemela y esposo,

Mis "no" aún temen por un mal matrimonio, temen experimentar infelicidad o un divorcio. Algunos de mis amigos casados constantemente tienen conflictos y enfados, y no logro concentrarme en modelos positivos. Sí, para ser sincera, no envidio a estas personas cuyos matrimonios son difíciles y no tengo el deseo de cambiar.

Cuanto más expresaba ella su temor, más se daba cuenta que era ese mismo temor el que le impedía experimentar la intimidad que deseaba.

Lo que nos ha separado es mi temor. Mi temor de que lleguemos a pelear, de que nos exasperemos, sentirme acorralada o presionada, perder el deseo de tener sexo juntos, y disfrutar menos de la vida. Pero en últimas mi temor es el de caer en la monotonía y terminar odiando el matrimonio. Me resisto a la idea de tener un matrimonio difícil.

Entonces ella le formuló una pregunta a su compañero:

¿Puede ser diferente en mi caso?

Y empieza a explorar tentativamente su enfoque sobre las relaciones que la mantienen alejada de ver realizados sus anhelos:

Yo doy mucho en el amor e invierto mucho en las relaciones... invierto toda mi confianza y honestidad, lo cual muchas personas no incluyen en sus relaciones. Este es el ámbito en el que puedo edificar mi esperanza. Mi compromiso con el amor y mi compromiso con la verdad.

Esa es la forma como yo soy diferente de las "malas" relaciones.

Sorprendentemente, un asado con unos amigos y familiares le permitió abrir los ojos a la realidad. En un sentimiento profundo, y en una descripción conmovedora, ella comparte con su amado la escena y describe lo que significa para ella.

Hoy pasé el día con varias familias y muchos niños. Me confortó ver a la gente como realmente es. Sin idealizar a los hijos perfectos, a los padres perfectos, o a las parejas perfectas. Son simplemente personas, son mis amigos, que se esfuerzan por amar, por ser aceptados, por hacer bien su papel en el mundo. Es ese sentido de aceptación el que quiero que tenga nuestro matrimonio.

Anhelo estar contigo para comenzar nuestra vida juntos. En las últimas semanas he dejado atrás algunas concepciones equivocadas que tenía muy arraigadas en mi interior.

Y ello tiene que ver especialmente con mi creencia de que ningún matrimonio puede funcionar o ser gratificante.

Son este tipo de creencias contra las cuales lucho todos los días para dejarlas atrás.

Visualizando el encuentro

Gloria continuó visualizando a través de lo escrito, cómo sería la apariencia de él, y hasta la forma como se conocerían.

Podemos conocernos en un ámbito alejado de mi vida diaria, y cuando nos veamos, sabremos de inmediato que vamos a estar juntos. La obra de Dios se manifestará de inmediato. El gozo y la alegría que seguirán a ese momento confirmarán la bendición de Dios.

Ella visualizó entrando en una sala y conociéndose con él por primera vez.

Alma gemela,

Tú estarás sentado, charlando con alguien sobre algún tema animado. Tú me reconocerás y yo te reconoceré, y comprenderemos la importancia de ese encuentro en nuestras vidas. Hablaremos y de inmediato comenzaremos nuestra amistad. Sentiremos atracción el uno por el otro.

Yo te reconoceré por tus miradas y por tus ojos. Tus ojos reflejarán chispa y diversión, buen sentido del humor y conocimiento.

La visualización final de Gloria es tan segura y confiada que desborda en una cadena de afirmaciones.

Nuestra vida marital, estará compuesta de la unión de nuestras responsabilidades familiares, e iniciaremos nuestra vida juntos.

Estaremos abiertos a lo que la vida nos traiga y estaremos dispuestos a trabajar por el amor y por la vida. Bajo este compromiso todo será fácil.

Se presentarán las posibilidades y la respuesta será un "sí" resonante.

El matrimonio, la familia, el dinero —"sí". El amor, las responsabilidades de la vida —"sí". La oración, la meditación, el dar, —"sí". Amén.

Dos semanas después de esta última visualización, Gloria fue a un bar con una amiga que estaba de afán. Un hombre de cabello oscuro y de complexión promedio estaba en una esquina conversando de negocios con unos amigos. Él miró a Gloria, capturó su mirada, se levantó, caminó y le invitó a tomar algo.

Lo primero que ella notó fue la chispa en su mirada.

• AHORA ES SU TURNO •

1) Registrar por escrito la descripción completa de lo que se desea obtener es una muestra inequívoca de que usted cree que el asunto es alcanzable y de que usted está listo para recibirlo. Cuanto más preciso sea usted, más listo estará para recibirlo. Escriba una visualización con lujo de detalles. No sólo describa la meta, ensaye cómo será su vida diaria cuando alcance su meta.

2) Si, al igual que en el caso de Gloria, su meta es la de encontrar un compañero o una compañera, siga su ejemplo y escríbale cosas que reflejen ese amor. Cuando encuentre a su pareja, escríbale cartas a sus hijos, antes que ellos nazcan. Recuerde lo que Gloria dijo: "Lo que hicieron esas cartas por mí fue que me ayudaron a sentir lo *real* que podría ser".

3) Cuando las cosas no ocurran tan rápido como usted espera, pregúntese a través de la escritura, ¿qué más necesito aprender? Entonces permita que su lápiz resuelva ese interrogante.

Las palabras de Gloria lo resumen bien: "Entonces pensé, si esto es real, sólo será cuestión de tiempo, y sucederá".

CAPÍTULO 5

ENFRENTE SUS TEMORES Y SENTIMIENTOS

Cuando usted escribe sus metas, sus temores o la razón por la que algo no funciona, y hasta las consecuencias de lo que pudiera ocurrir si se realizan, pero en su interior los sueños se derrumban una y otra vez, y la voz:

"¿Qué pasa si...?", "¿Qué pasa si...?" produce un sonido de cacofonía dentro de la mente apagando los sueños, todo ello puede incidir en sus planes o hasta detenerlos.

La experiencia de mi amiga Janine me enseñó una lección sobre cómo manejar dichos temores y sentimientos.

Janine y yo nos conocimos en su curso "Planee su viaje a Francia", el cual tomé el año que fui a Paris para celebrar la publicación de mi primer libro.

En la clase sobre el viaje, Janine enseña qué llevar y qué no, cómo moverse por la ciudad, y recomienda cuáles vinos comprar. Ella muestra una presentación con diapositivas para dar a conocer los puntos más importantes de la ciudad y de las afueras. También les da a los viajeros nociones prácticas sobre las costumbres francesas, y suficientes frases en francés para poder desenvolverse.

Lo que Janine nunca menciona en su clase es cómo fue que llegó a conocer Francia tan bien. Es una historia que cambió su vida.

La historia de Janine

Cuando se acercaba a cumplir treinta años, Janine participó en un tour por Europa. Recorrió nueve países en dieciocho días. Aquello fue un abrebocas que despertó su deseo de regresar pronto para una estadía más larga, con la intención de imbuirse en el lenguaje y la cultura de un país. Pero eso es más fácil decirlo que hacerlo. Tenía algunos amigos que temía perder. No tenía ahorros, tenía cuentas por pagar, y adicionalmente, sabía que no era fácil conseguir empleo si dejaba el que tenía. Su trabajo como maestra (un trabajo de difícil enganche) no le permitía darse el lujo de esperar un tiempo mientras se dedicaba a expandir sus horizontes.

A las 2:30 a.m. de un primero de enero, a sólo dos horas y media de iniciar el año, en la primera página de una agenda que había recibido como regalo de Navidad, Janine apuntó algunas resoluciones para el nuevo año que empezaron a aparecer en su mente, algunas pequeñas, otras grandes, unas realizables a corto plazo y otras a largo plazo, *algunas factibles, otras pura fantasía*. Ella las escribió en orden aleatorio:

1. Aprender a hablar francés de forma fluida y alemán básico

2. Hacer planes y llevarlos a cabo para viajar y vivir en otros países

3. Escribir su testamento

4. Expresar más aprecio a sus amigos

5. Aprender algo sobre plomería

6. Perder peso y mantenerse en forma

Quizás al darse cuenta de manera subconsciente que había puesto muchas palabras innecesarias en el numeral dos, la ambición que más le asustaba, la repitió de nuevo, la centró en la página y la escribió sin numerarla en el espacio restante de la hoja.

Quiero vivir y viajar por Europa.

Mirando en retrospectiva, Janine se da cuenta que haber escrito esto se convirtió en un inicio, aunque en ese momento no se imaginó a lo que ello la llevaría.

"Yo no tenía planes definidos. Simplemente quería regresar y quedarme por un buen periodo de tiempo. Al menos un año".

El hecho de que su meta de "vivir y viajar a través de Europa" estaba en la primera página de su agenda, le ayudó a mantener vivo el sueño. Su mirada se detenía allí cada vez que se sentaba a apuntar algún dato.

Durante los meses que siguieron a ello las anotaciones en la agenda reflejaban firmeza en medio de la ambigüedad. Su página de resoluciones se convirtió en un faro una y otra vez.

La decisión de vivir

Janine compartió conmigo la agenda de ese año que cambió su vida y me dio permiso de hacer citas de esta. Aquel fue un regalo maravilloso. Cuando leí la agenda en su totalidad observé que durante tres cuartas partes del año todo apuntaba hacia el viaje. Entonces recordé el famoso axioma: la vida es una decisión. En algún punto de la vida uno *decide* actuar de cierta manera a pesar de los sentimientos que lo intentan llevar en otra dirección. Cuando uno cree en un sueño, necesita asumir riesgos. Uno puede quedarse esperando para siempre si espera a que todas las condiciones sean fáciles. Uno puede quedarse esperando permanentemente, viviendo lo que el conferencista sobre motivación Bob Mowad llama "la gran zona de vacaciones, 'la isla del algún día'".

"La gente hace eso durante toda su vida", dice Janine, "esperan hasta que esto o aquello ocurra".

En su agenda, luego de esa primera entrada, Janine habla sobre su desánimo. Las cosas no empezaron a ocurrir simplemente porque ella las escribió.

"No. No. Nunca. La vida no funciona así. La gente permite que sus frustraciones nublen sus sueños, y se dan por vencidos con mucha facilidad. No creen realmente que sus sueños puedan convertirse en realidad".

Hubo muchas veces que la idea de hacer un viaje largo fuera del país parecía imposible. Janine pensó muchas veces que su meta era demasiado grande, inalcanzable —hasta irresponsable. Pero cuando experimentaba esos momentos de desánimo y depresión continuaba escribiendo. Ella describe lo que sentía:

"Me siento deprimida, cansada y preocupada por el futuro. No estoy durmiendo bien —las últimas dos noches me he despertado a las 2:30 y me he quedado despierta hasta las 3:30 o más. Por mi cabeza pasan grabaciones de audio pesadas que dicen debería, podría, intentaría'".

Fue un buen fin de semana pero he experimentado continuamente tensión y perturbación. A veces ni siquiera confío en mí misma. A veces me siento como una bola de billar rebotando de un lado a otro de mi habitación. Me siento enojada, insegura, e introvertida. Mis metas se ven distantes. La depresión se cuelga de mí como si fuera una toalla".

Un lugar para desahogar las preocupaciones

La preocupación más grande de Janine fue el dinero. ¿Por qué dejar algo seguro para ir en pos de lo desconocido?

Con frecuencia me asusta recordar el significado de la expresión "irse sin pagar".

Su diario se convirtió en el lugar para desahogar sus preocupaciones. Escribir sus temores disipó la forma de pensar ambivalente de "o esto/o aquello". Los temores y la ambición pueden coexistir.

Entremezclado con sus declaraciones de depresión y desánimo, a veces el mismo día, Janine daba pasos, a veces tan sutiles que ni siquiera los veía como consecuencia unos de otros. La frase, "vivir y viajar por Europa" era la constante, a medida que ella oscilaba de un lado a otro en un mar de emociones.

A pesar de su temor e incertidumbre, ella continuó haciendo algunas cosas.

"... llamé a registro de Western University para ver si se pueden transferir créditos desde el extranjero y hacer el papeleo, por si acaso.

Highline Community College está ofreciendo un curso de italiano y francés los lunes por la noche. Llamé para inscribirme. Palmaditas en la espalda.

¡Compré una cámara Olympus OM- para mi viaje! (USD $150 incluido el lente.)"

Janine se impuso algunos plazos y los cumplió.

"Mi tiempo límite para decidir el plan de otoño debe ser junio. Me dará dos meses para organizar las cosas. El dinero para el semestre que inicia en el otoño también debe estar listo para esa fecha.

...llené algunos formularios para estudiar en Avignon; me matriculé para un programa de créditos en la Faculte de Lettres.

...me estoy poniendo en forma, estoy corriendo; estoy trabajando en los 'tengo que hacerlo'".

Escribir hizo que sus sentimientos fluyeran; ya no fueron barricadas en el camino. En ocasiones los sentimientos le hacían bajar el ritmo, pero no se interponían en el camino. Janine sabía que si continuaba avanzando en la dirección correcta, con el tiempo llegaría a su destino.

Escribir ayuda a diferenciar las cosas

Para Janine, escribir sus aprehensiones marcó un camino de distancia, donde pudo tomar distancia de sus preocupaciones y convertirse en observadora de su propia vida, periodista de palacio, anotando los hechos, no dejándose afectar por ellos. Cuando no se expresan las preocupaciones, se amontonan hasta que toman el control. Ponerlas por escrito se convirtió en una forma de ventilarlas para poder continuar hacia delante. En el papel, ella podía hablarse a sí misma, lejos de sus temores.

"Esta 'etapa de temor' hace parte del proceso de todo asunto nuevo y difícil.

Nunca llegaré a ningún lugar si no me arriesgo. Esta es una gran oportunidad para deshacerme del temor; siendo yo misma y manifestando confianza".

El gran cuadro

Al escribir sus temores se puso en acción otro elemento. Uno del cual Janine no estaba al tanto. El elemento de la sincronicidad estaba ocurriendo en todo a su alrededor. El mundo estaba cooperando. Cuando se mira hacia atrás en la agenda se hace evidente el patrón. Las circunstancias conspiraron desde enero hasta septiembre para abrirle las puertas y llevarla a otro continente.

Uno tras otro, sus temores parecían desaparecer por sí mismos. El expresar en el papel cómo se sentía y lo que ella temía le impulsaban hacia la acción, e impulsaban al mundo a la acción a su favor.

Aún así, su mayor temor era la falta de dinero.

"No tenía una oferta de trabajo, ni la esperanza de conseguirlo a mi regreso porque la economía no iba bien, y porque los despidos estaban a la orden del día, pero mi deseo de ir a Europa se hizo abrumador".

De modo que Janine pasó la solicitud de un permiso de ausencia. En respuesta a su petición, recibió una llamada del director de personal. El día que él llamó, se sintió que todo se vino al suelo. ¿Había tomado la decisión incorrecta al saltar del barco?

El director dijo: "Janine, quiero que hablemos sobre su solicitud de ausencia".

Ella estaba segura que la iban a despedir y terminar su contrato. Pero ella se quedó asombrada cuando en vez de despedirla, el director le dijo que puesto que ella quería ir a Francia a estudiar un idioma, su solicitud calificaba para un año sabático. Le informó que el distrito tenía dos o tres plazas disponibles.

Janine nunca había pensado en solicitar un año sabático.

"Yo era una maestra joven que recién había cumplido mis treinta. Pensaba que los sabáticos eran para profesores que tuvieran más antigüedad. También pensé que ellos tenían que tener mayor experiencia en el campo de la investigación; y este no era un viaje de investigación, era un viaje de experimentación. Pero estudiar un idioma extranjero era lo que hacía que calificara".

El director envió los documentos y Janine los completó, y el distrito escolar le permitió tomar un año sabático, no un permiso de ausencia. Esto representó algo muy especial, de repente se abrió de par en par una puerta mágica; todo lo anterior significaba que Janine recibiría salario por viajar y estudiar en el extranjero.

"En ese entonces mi salario neto era de USD $1.600 al mes. Se me garantizaron $800 al mes durante todo el año, más seguro médico (un gran beneficio)".

El trato, que resultó ser un alivio en vez de una restricción, era que tenía que concordar en continuar enseñando cuando regresara. Uno de los requisitos del año sabático era que se comprometía a enseñar durante dos años a su regreso.

"Puesto que durante cinco años seguidos había sido contratada y despedida muchas veces, y no tenía del todo un trabajo garantizado a mi regreso, la condición de enseñar durante dos años era justo lo que necesitaba".

Bon Voyage (¡Buen viaje!)

Así que en septiembre, en vez de regresar al salón de clases a enseñar, Janine estaba a bordo de un avión de Alitalia en viaje para hacer escala en Milán y desde allí partir para París.

Luego de visitar a algunos amigos en Cembra en las montañas Dolomitas, Janine fue a París donde se contactó con un grupo de personas que también iba a estudiar a la Faculte de Lettres. Estando en Avignon, su estipendio para el año sabático le permitió vivir con una mujer francesa durante varios meses hasta cuando logró cursar cuarenta y cinco créditos. La mujer, de unos sesenta años de edad se convirtió en una madre para ella.

"Viví en una granja donde la gente de la resistencia había rescatado y ocultado a otros durante la guerra. Tomé clases sobre francés medieval, lenguaje, escritores franceses, Historia, Cultura y Política franceses. La mayoría de las clases eran en inglés, pero las de gastronomía eran en francés, lo cual era maravilloso. También tomé una clase de aeróbicos en francés, y yo era la única americana de la clase, así que tuve que poner en práctica mis habilidades con el idioma".

Luego de terminar sus estudios en Avignon, Janine viajó por toda Europa y Asia, tanto en tren como en barco. En total visitó diez países.

Una cascada de eventos

Aquel viaje transformó la vida de Janine. No pudiera haber previsto todas las cosas que ocurrieron en su vida como resultado directo del viaje. Muchos de los eventos en los siguientes quince años sucedieron a causa de lo que hizo durante un año de su vida. Pero la historia no termina ahí.

Janine llama a esto el efecto dominó: se desencadenó una cascada de otros eventos interrelacionados a causa de ese año sabático.

El primer viaje al extranjero parecía imposible hasta cuando lo hizo. Ahora ella ha viajado casi todos los años desde entonces, y ello se debe en parte a que su viaje cambió su forma de enseñar. Anteriormente, ella era profesora de estudios sociales. Cuando regresó de su año sabático se convirtió en profesora de francés. Por varios años, uno tras otro, llevaba a sus estudiantes a Francia para las vacaciones de primavera. Terminó yendo diez veces —llevando a amigos o estudiantes, o viajando por su cuenta.

Cuarenta y cinco créditos de Avignon le permitieron aplicar para un aumento en su salario, lo que le permitió tener una mejor remuneración.

También, como parte de su año sabático, Janine preparó una presentación en diapositivas y una conferencia para las escuelas y ha utilizado este material como base para desarrollar su clase de turismo.

Adicionalmente, Janine quedó tan impresionada con sus estudios de Francia en el siglo XV, que decidió escribir una novela basada en la vida de Juana de Arco y sus contemporánea, la poeta medieval Christine de Pisan. Las partes fabricadas de la historia se entretejen con la poesía original de Christine, así como una descripción históricamente correcta de las intrigas políticas y las costumbres de las épocas medievales. Visitar los lugares en persona facilitó a Janine la descripción detallada, y sentir el pulso de los lugares sobre los cuales estaba escribiendo.

Ese libro es ahora parte de una trilogía de novelas que Janine está escribiendo basadas en la Historia Medieval francesa.

¿Comprende usted cómo una aventura construye otra, y que una puerta conduce a otras puertas que permiten explorar lo que hay al otro lado? Janine dio un salto de fe cuando entregó la solicitud para un permiso de ausencia, y vea en lo que resultó todo. No sólo conservó su trabajo, sino que lo tuvo asegurado por dos años después de su regreso y con un aumento en su salario. Se convirtió en profesora de francés y viajó a Francia diez veces. Escribió una novela histórica basada en sus estudios y ha enseñado clases de turismo por más de diez años.

El impacto que ese viaje trajo a su vida bien hizo que valieran la pena las dificultades y los temores iniciales que tuvo que enfrentar.

¿Por qué escribir acerca de los temores?

Yo le pregunté a Janine por qué consideraba ella que escribir acerca de sus temores sobre ir a Europa hizo la diferencia.

Ella explica que escribir acerca de los temores hace que la negatividad y la ansiedad encuentren una vía de expresión. En nuestro interior lo único que hacen es enfermarnos. Una frase de su diario resume muy bien este principio:

"La escritura se convierte en una buena manera de obligar a que mis reacciones emocionales se transformen en palabras y no en males psico-somáticos".

¿Cuál fue la diferencia al haberlo puesto por escrito?

"Yo estaba desanimada, y si no lo hubiera escrito, no hubiera solicitado el permiso de ausencia —y mucho menos hubiera pensado, ni en mil años, en un año sabático. Si no lo hubiera puesto por escrito, no hubiera tenido el valor de dejar mi trabajo.

Cada vez que abría esa agenda, miraba una vez más y allí estaba la frase 'Vivir y viajar por Europa'. Siempre estaba presente, porque estaba en la primera página. A medida que coordinaba mis planes y pensaba al respecto, escribía sobre ello en mi agenda. Si me sentía desanimada escribía sobre eso, a pesar de la desilusión".

Janine iniciaba su escritura con sentimientos negativos y terminaba su escritura recordando que viajar produce mucha satisfacción.

"Así que también escribí sobre la alegría. Sólo porque no tenía dinero e iba a renunciar a mi puesto, eso no significaba que no pudiera viajar".

Muchas personas considerarían que cualquiera de esos dos factores les detendría. No Janine. Ella conquistó sus temores mediante ponerlos por escrito.

La lección es permitir que la escritura se convierta en "un lugar para desahogar las preocupaciones".

"Si usted escribe sus temores así como sus sueños, se pone en el camino correcto. Algo va a aparecer y va a permitir que el camino sea menos turbulento".

• AHORA ES SU TURNO •

1) Cuando usted escribió sus grandes metas al final del capítulo 1, ¿experimentó temores invadiendo su territorio casi de inmediato? Esta es la oportunidad para desecharlos. No los deje ahí, dentro de su cabeza. ¡Escríbalos!

La escritura hace que los sueños y los temores se separen. Escribir sobre la ansiedad convierte a ese sentimiento en una entidad separada de su meta. El plan de Janine de viajar a Europa y su falta de dinero lograron coexistir. El deseo de estudiar en el extranjero y la preocupación por perder a sus amigos pudieron convivir. Escribir sobre sus preocupaciones las convirtió en hechos. Un hecho por una parte, no necesita negar a un sueño, por otra.

Escriba sus sueños y sepárelos de sus temores.

2) Busque en una revista la foto de alguien gritando, quizás en una protesta o una huelga, o la mirada tacaña de una figura de autoridad —con las manos en sus caderas, en una actitud de auto justificación, presunción o superioridad. Pegue la foto en su "página de temores".

Con el personaje en protesta, escriba de forma rápida y energética una cadena de lamentos. Escriba sus críticas, sus reclamos, sus quejas. Utilice a la segunda persona y sea peyorativo.

Usted no es lo suficientemente bueno.

Usted nunca lo logrará.

Es inmoral tener mucho dinero.

La fama es peligrosa.

Usted no tiene suficiente talento.

Usted tendrá una reducción salarial.

Usted perderá prestigio.

Usted fracasará.

Ahora busque la foto de alguien en actitud de triunfo, con las manos en el aire, abierto hacia la vida, con un rostro alegre o positivo. Alguien quizás con un saludo de poder y júbilo, alguien con una sonrisa amplia por haber ganado alguna competencia deportiva. Esta será su "página de entusiasmo".

Tome ahora, una por una las declaraciones en la "página de temores" y conviértala en una afirmación expresada en primera persona y en tiempo presente.

Soy el mejor.

Yo soy exitoso.

Mi salario está aumentando.

Soy un experto, mis colegas me admiran.

No tengo temor. Me mantengo enfocado.

Lo que yo hago es especial.

Utilizo bien el tiempo y de forma sabia.

Cuando pierdo el equilibrio, lo recupero fácilmente.

Mi familia y mis amigos se enorgullecen de mi éxito.

Soy rico y famoso.

Cuando escribimos nuestros temores rechazamos su dominio sobre nosotros; escribir lo opuesto de los temores nos empodera y nos energiza para pensar de forma diferente. Nos permite atraer la clase de respuestas que, en vez de mantenernos atados, pone ante nosotros una variedad de soluciones.

CAPÍTULO 6

CÓMO DESATASCARSE: ESCRIBA CON RESOLUCIÓN

Fue un día maravilloso. Un día en que se ven los destellos del agua en la playa Brackett Breach, y las montañas Olympic a lo largo del canal se ven tan claras que parecen conos de helado con crema en la punta listos para comer. Fue un día en que el agua se veía llena de veleros, porque todo el mundo quería disfrutar el cielo azul, los vientos frescos y el mar exuberante.

Mi hermano con nivel deportivo de triatlón tenía una idea diferente.

"¡Un día perfecto para correr!", dijo jubiloso.

Él había estado prometiéndonos durante algún tiempo de llevarnos a sus dos hermanas a enseñarnos algunos trucos atléticos. Hoy era el día.

Él se puso sus Nike, nosotras nuestros Keds y juntos cruzamos la puerta para tocar el pavimento. Mientras corría a nuestro lado, nos indicó de iniciar a un paso moderado. Entonces llegó el momento de acelerar. Pronto estaba gritando como instructor de un batallón que prepara a sus reclutas para estar en forma.

"¿Ven ese Volkswagen?", señalando un Volkswagen rojo a dos manzanas de distancia. "¿Ven ese Volkswagen? Ese Volkswagen es suyo. ¡Vayan por él! ¡Corran por él!".

Tomó aire dos veces. "El Volkswagen. ¡Corran por el Volkswagen!" Totalmente confundidas, nos dirigimos hacia el auto estacionado, corrimos y corrimos.

Entonces, cuando nos acercábamos a nuestro premio, antes que pudiéramos detenernos y tocar la defensa y gritar victoria, él cambió el punto de referencia.

"Olviden el Volkswagen. ¿Ven esa colina? Ustedes son dueñas de esa colina. Vayan por ella. Vayan. Vayan. Vayan. ¡Sigan corriendo!".

Suspiros. Suspiros. "La colina. ¡Corran por la colina!"

De nuevo, a medida que nos acercábamos la meta cambió. Continuamos corriendo. Y él continuó cambiando la meta, una y otra vez y en cada ocasión a puntos más distantes.

Hacia el final de la mañana, nosotros estábamos a punto de cometer fratricidio. Pero debemos reconocerlo. A medida que avanzábamos aquello hizo más fácil el asunto. Además de eso nunca habíamos corrido tan lejos en la vida como ese día.

Cuando estoy atascada, sin saber qué hacer para convertir mis sueños en realidad, utilizo una técnica que he denominado, "Escritura con resolución". El hecho de que mi hermano cambiara las metas ese día mientras corríamos, se ha convertido en una metáfora sobre escribir y escribir, abarcando tanto como sea posible, hasta que surja la respuesta.

Lo primero que hago es ponerme mis Keds mentales y escribo algo, cualquier cosa. Esto es para poner el lápiz en movimiento, lo hago para iniciar la escritura. No importa si lo que escribo es, "No sé qué escribir". Cuando llego al final de la primera página y empiezo a detenerme, me reto a mí misma para continuar con la siguiente página: "Tú eres dueña de esa página", me digo a mí misma, "¡Llénala, llénala! ¡Sigue escribiendo!".

En Tai Chi, a esta práctica se le conoce como "chi extendido", que implica extender su enfoque más allá de lo que aparece inicialmente, o de aquello que usted pensaba era el límite de sus capacidades. Así es como en las artes marciales el maestro corta un bloque de madera con un lado de su mano, mediante concentrar las energía en algo que está más allá del bloque.

Alcanzar el Volkswagen, luego la colina —terminar una página, luego la siguiente, después la siguiente— extiende el punto focal, a la vez que permite medir el progreso y nos lleva a ir más allá de nuestras limitaciones autoimpuestas, a lograr más de lo que pensábamos que era posible.

La escritura rápida

En mi libro *Writing on Both Sides of the Brain,* invito a utilizar una estrategia para obtener ideas a la cual denomino 'escritura rápida'. Consiste en escribir rápido sin detenerse y sin parar, repasar, editar, reacomodar, o criticar lo escrito. Utilice esta técnica para escribir la página inicial donde surgen toda clase de objeciones y para derrotar esa voz interna que critica cada palabra que se escribe. Escriba lo que venga a la mente. Diga la verdad. Esta bien empezar con las primeras páginas de forma rápida y extravagante. La palabra judía que se usa para describir esto es *Kvetching*; la cual conlleva la idea de quejarse, pero de forma artística. Se siente bien cuando uno puede sacar desde adentro aquello que le inquieta. Hacerlo resulta terapéutico.

Es allí donde el cerebro tiene en reserva un regalo —una recompensa por la perseverancia. Es a esto a lo que yo llamo "escritura con resolución", ya que cuando usted se mantiene escribiendo y no se detiene, las quejas y los lamentos se desvanecen e inevitablemente surge una solución y un plan de acción.

Tal vez usted se sienta contrariado cuando la meta parezca no avanzar, o se sienta desconcertado cuando la situación aparenta salirse de control. Con frecuencia detrás de la furia se esconde el temor. Escribir con resolución desenmascara el temor y pasa a considerar las preguntas, ¿Qué sigue ahora? ¿Cuál debe ser mi siguiente paso?

La historia de Nan es un buen ejemplo de escribir con resolución. Ella estaba en una situación que parecía sin salida, pero la convirtió en algo positivo.

La historia de Nan

Nan canta en el coro de la iglesia conmigo y estamos tomando un curso en el que estudiamos las Escrituras Hindúes del siglo V a. C., conocidas como Bhagavad Gita. El Bhagavad Gita hace énfasis en la importancia de la meditación, y Nan dijo un día en clase que la escritura representaba para ella un tipo de meditación, especialmente cuando escribía sin detenerse, cuando escribía lo que primero venía a su mente.

Después de eso, Nan compartió conmigo cómo haber escrito con resolución le había ayudado a enfrentar una crisis.

Nan trabaja para una firma de corretaje y se sintió perturbada cuando su jefe renunció a su cargo y el trabajo de ella se vio cuestionado. Nan sabía que su jefe era apreciado como empleado, pero no se tenía muy claro cómo la renuncia afectaría a la firma, y al trabajo de Nan.

"Mi trabajo dependía de él. Yo no sabía en qué me desempeñaría de ahí en adelante, o el tipo de remuneración que tendría. El 20% de mis ingresos provenía de un porcentaje directo de sus comisiones, de modo que una parte importante de mi salario se marchó por la puerta cuando mi jefe se fue. ¿Cambiarían mis deberes y responsabilidades?".

A Nan se le pidió que redactara una descripción de su cargo, incluyendo el porcentaje de tiempo que dedicaba a las diferentes tareas, y la manera como ella creía que debía ser compensada. A esto se le conoce como "auditoría de escritorio" en el mundo empresarial, y para muchos esto es tan minucioso como la auditoría de la oficina de impuestos del gobierno.

"Aquello era una tarea abrumadora. Yo estaba enojada. Había trabajado para esa compañía durante 10 años. ¿No se supone que son ellos los que me dicen lo que debo hacer?".

Nan dijo que aquello era como tener que escribir su propia propuesta de empleo, para un trabajo que ya ejercía. La tarea parecía infranqueable. Implicaba dar cuenta de cómo utilizaba sus horas y justificar todos sus esfuerzos.

"A menos que liberara mi furia me sentía como si fuera a explotar".

Su esposo, David, le dijo que viera esto como una oportunidad y como una posibilidad de expresar lo que ella consideraba que tenía para ofrecer y demostrar que es un "activo indispensable" para la compañía. Él le recomendó que se sentara y expresara sus pensamientos.

"Escribí durante tres horas. Escribía y lloraba. Todo ello resultó doloroso. Al principio escribí sobre la furia y la frustración que sentía. Estaba llena de veneno. Escribí todo lo que se me pasó por la mente —no apliqué ningún tipo de censura:

> *Odio esto. No quiero hacerlo. No me interesa hacerlo, ¿Cómo es que....? ¿Cómo es que tengo que convencerlos del trabajo que he realizado durante diez años? ¿Qué debo hacer?*

> *¿Qué debo hacer? No sé cómo cuantificarlo. Odio tener que hacer esto. De verdad lo odio. Me desespera. No quiero hacerlo.*

No sé por dónde empezar. No he tenido que escribir un papel en más de 20 años. Detesto hacer esto. Dios mío, no quiero tener una escritura florida —por favor, ayúdame a saber lo que tengo que hacer.

Me siento como una niña —pataleando y llorando todo el día. ¿Qué es lo que me hace buena en mi trabajo? ¿Soy buena en todo lo que hago? Nunca pensé que terminaría en el negocio de corretaje. ¿Qué experiencia tengo?

No estoy llegando a ningún punto. Lo que yo escriba, ¿será revelador? ¿Por qué no van y lo averiguan ellos mismos? Odio esto, de veras lo odio."

Luego de varias páginas de expresiones difusas, Nan empieza a desenmascarar el sentimiento que esconde su furia —el temor.

"Estaba asustada. Estaba paralizada del miedo. No es que temiera perder el empleo, temía que mi trabajo fuera demeritado".

Se sentía pequeña e insignificante y que su contribución no era de ningún valor.

"Tenía una sensación de inutilidad, temía que fuese enviada a la obsolencia".

Sentía que no tenía a quien acudir:

¿Quién está de mi lado? No confío en nadie. Eso me entristece. Me pregunto qué es lo que ellos piensan verdaderamente acerca de mí.

Entonces se plantea qué es lo que más teme, y presenta un catálogo:

Tengo miedo y no sé por qué. Tengo miedo de fallar. Tengo miedo de parecer tonta y de que se me subvalore. Tengo miedo de no saber lo que quiero hacer. Lo que más temo es que después de que lo conciba, no sea capaz de expresarlo.

La resolución

Una vez pudo expresar sus temores más profundos, Nan empezó a calmarse.

Debo estar progresando porque ahora siento menos temor y tengo más curiosidad por saber cuándo he de empezar. Recuerdo que tuve esta misma sensación cuando tuve que escribir algunos apartes autobiográficos como requisito para ingresar a la universidad.

Entonces enumera sus miedos y expresa su confianza para vencerlos uno a uno.

1. *No es que no sepa, es que no he aprendido.*

2. *Que "voy a fallar". Bien, es mejor hacer algo y fracasar a no haberlo intentado nunca.*

3. *Que voy a parecer tonta o que voy a ser subvalorada. Siempre existe ese riesgo. Debo construir la confianza.*

4. *"No sé lo que quiero hacer". Eso es ser sincero. Tal vez deba empezar en aquello en lo que tengo más experiencia.*

5. *Que después de concebirlo no sea capaz de expresarlo. Debo dar un paso a la vez e identificar los escollos.*

Una vez Nan pudo enfrentar su furia y sus temores, estuvo lista para contestar la pregunta, ¿Qué debo hacer? Continuó escribiendo.

...lo que lleve a la mesa habrá valido la pena. Soy buena en (no perfecta) ayudar a las personas a conseguir lo que quieren. Pienso que soy buena en escuchar a la gente.

Y antes de darse cuenta de ello, Nan había llenado tres páginas haciendo un recuento de sus contribuciones diarias, mensuales y anuales a la compañía, y entonces estuvo lista para tratar el asunto del plan de compensación.

"Tenía que superar la furia. Los pensamientos venían como ráfagas a mi mente. Y puesto que tenía el lápiz en mi mano, empecé a plasmar los números en el papel, escribiendo una cifra tras otra. Por fin estaba haciendo lo que había pensado que nunca podría hacer".

Y tomando como base esos papeles desordenados, Nan compuso su paquete de compensación. Entregó la propuesta a sus superiores inmediatos y al presidente de la compañía. Estuvieron tan complacidos con la información que examinaron de nuevo su salario.

"Me aumentaron mi salario de modo que recibí la totalidad de lo que estaba recibiendo antes, más un bono adicional".

El respaldo de sus supervisores fue gratificante. Pero aún mucho más gratificante que eso fue lo que "escribir con resolución" obró en Nan.

"Aquello constituyó un proceso de aprendizaje y una liberación; un proceso de validación para mí. Pasé de la desesperanza absoluta al otro extremo, donde experimenté esperanza y expectación. Resultó muy provechoso definir lo que hago. Estoy tan ocupada todo el tiempo, y siempre me ocupo de tantas cosas, que muchas veces no logro detenerme para pensar en todo lo que he logrado".

Y dado que Nan continuó escribiendo, aun cuando quiso detenerse, fue recompensada con una nueva apreciación de sus contribuciones a la compañía. Ella se puso a escribir y no se detuvo. Pero cuando terminó, pudo percibirse a sí misma de forma diferente. Se sintió una mujer renovada.

• AHORA ES SU TURNO •

Cuando usted enfrente un impase en su meta, y sienta que no puede avanzar más, tome su lápiz y empiece a escribir sin parar. Escriba con resolución. Si se siente enojado por los resultados que no conducen a ninguna parte, es muy posible que la furia esté escondiendo algún temor. Deje que la escritura le permita vencer ese temor.

Si la situación parece no dar ninguna esperanza y usted ha agotado todos los recursos (eso es lo que usted cree), si usted sabe dónde es donde desea estar y no tiene la más mínima idea de cómo llegar allá, mi consejo es: llene la página y continúe escribiendo. Escriba la siguiente página y la siguiente también. Usted es el dueño de esa página. Escriba una página, dos, vaya por la tercera. Le sorprenderá conocer todo lo que tiene adentro, y las soluciones que van a salir a flote. Usted experimentará un cambio en su forma de pensar, el bloqueo se desvanecerá.

Más allá del lamento algo nos espera. Cuando usted continúa y no se da por vencido, experimenta una explosión de energía, se sorprenderá al verse andando la milla extra. Recuerde estas dos palabras: continúe escribiendo. A pesar que sienta que ya ha agotado todas sus ideas o soluciones, lo mejor estará esperando por usted si continúa escribiendo.

Casi sin que usted se dé cuenta de ello, sus quejas se tornarán en un "supongo que yo puedo..." y luego, sutilmente a una lista que diga: "Cosas para hacer hoy".

Siga adelante, continúe escribiendo, hasta el momento en que "se encienda el bombillo". Con su luz aparecerá reflejado un plan que hará que los cielos grises se tornen en un día maravilloso.

CAPÍTULO 7

HÁGALO FÁCIL: HAGA UNA LISTA

Usted no necesita escribir un libro para expresar una meta. Una lista pequeña y sencilla con los elementos deseados, y tan específica como sea posible, clarificará las intenciones de la misma manera que lo podría hacer una descripción detallada, y quizás hasta de forma mucho más poderosa.

Mi amiga Sydne utilizó las listas para organizarse en medio de un embrollo durante un tiempo particular y dificultoso de su vida.

La historia de Sydne

Fue un año apretado para Sydne. Cuando supo que tenía que trasladarse, las cosas se complicaron aún más. Su salvación consistió en utilizar listas sencillas para definir lo esencial para vivir en su nuevo lugar de residencia.

Cuando fui a visitar a Sydne a su nueva casa, giré por la esquina de una calle transitada y me asombró ver lo amplio de la vista desde estas casas en aquella calle cerrada. Sydne vivía en la casa del medio, la cual dominaba la mejor parte de la vista. Ella abrió la puerta a mi llegada y me recibió con calidez. Todo en su casa era agradable —la vista del agua, los finos trazos del diseño arquitectónico, los cielo rasos abovedados. El lugar era confortable y de clase por todas partes, reflejaba muy bien la personalidad de Sydne. Una combinación perfecta.

Sydne es enfermera profesional, escritora y trabaja conduciendo seminarios y talleres de comunicación. En su primer libro, *Code Red*, hace una exposición de la profesión médica basada en su experiencia de 17 años en salas de urgencia y cuidado coronario.

Me agradó ver el semblante de Sydne, el cual reflejaba tranquilidad y calma. Me hizo sentar en una silla cómoda en una sala con una alfombra lujosa. Me ofreció té y trajo unas galletas.

Nos sentamos en silencio por unos instantes, reuniendo nuestros pensamientos en medio de un entorno de serenidad espaciosa. La vista espectacular del agua parecía transferir todo su poder y comodidad en la sala donde estábamos.

Al terminar su té, Sydne dijo con serenidad: "Estoy saliendo de los 12 meses más angustiosos de mi vida. Nunca me ha alegrado tanto terminar un año".

El periodo del cual habló comenzó bien, con la publicación de *Code Red*. Pero su entusiasmo de ver publicado su primer libro se vio opacado porque la compañía editorial no cumplió lo pactado respecto a la publicidad del libro. Sydne asumió la promoción por su propia cuenta; el lanzamiento del libro, el enviar los correos, contactar los medios. Envió 2.500 tarjetas firmadas con una nota personal para anunciar el libro. Pero sus esfuerzos dieron resultado: *Code Red* tuvo gran acogida y empezó a venderse bien. Luego, Sydne se enteró que la editorial había entrado en proceso de bancarrota bajo el capítulo 11, y en vista de que el libro era una fuente de ingresos para ellos, rehusaron liberarla del contrato.

"Me quedé abismada; no había recibido aún ningún cheque por regalías y ya me debían USD $18.000. Me tomó

24 horas para recuperarme lo suficiente de aquel golpe para poner mis pensamientos en orden y llamar un abogado".

Diez días después del incidente con la editorial, Sydne recibió una llamada telefónica diciendo que su madre había muerto inesperadamente por una apoplejía fulminante. La última vez que Sydne la había visto, fue seis meses atrás, en el funeral de la abuela, con quien tenía una relación bastante cercana.

"En menos de un año, había perdido tanto a mi abuela como a mi madre, y luego mi hermana se fue a vivir lejos de mí. Todo aquello dejó un tremendo vacío en mí".

Pero el tema de la editorial se complicó. Entre unas tres y cuatro semanas después de la muerte de su madre, la compañía editorial acogió su bancarrota al capítulo 7. Antes, con el capítulo 11, ella podía esperar al menos un pago parcial. Ahora no recibiría nada. Adicionalmente, Sydne ya había gastado varios miles de dólares en honorarios de abogado.

"No sólo no recibí un centavo de tres años de trabajo, sino que además incurrí en gastos".

Ahí es cuando, para terminar de completar, el arreglo de la vivienda en la cual residía se deshizo, de modo que necesitaba otro lugar donde vivir.

"Así que tuve un año terrible, pero ahora he estado aquí durante tres meses, con vista al Edmond y a los ferris, y estoy 'en el cielo'. De hecho, la calle en la que vivo es conocida como la calle Paraíso".

¿Cómo llegó ella aquí?

Lo primero que hizo Sydne fue pensar qué apariencia tendría el lugar si ella y su hija adolescente pudieran escogerlo aun cuando aquello pareciera imposible en el momento. Ella tenía que detenerse y considerar lo que era más importante para ella.

Puesto que ella trabajaba en casa sabía que tener una vista tranquila le ayudaría a tener serenidad y creatividad.

Por facilidad y conveniencia, ella deseaba que el garaje fuera automático. Con sólo presionar un botón ella estaría cómoda en su lugar.

Ella deseaba no tener que compartir el baño con su hija adolescente.

Pensar en estos aspectos le ayudó a definir lo que quería. Tomó una resma de papel amarillo de tamaño legal y escribió lo esencial, aquello que su hogar debía tener, y aquello sin lo cual no pudiera vivir.

1. *Dos alcobas; una para mi hija, la otra para mí.*

2. *Dos baños, para evitar necesitar utilizarlo al mismo tiempo.*

3. *Un garaje con apertura de puerta automática.*

4. *Una vista acuática.*

Ella continuó pensando. Pensó en su madre, una mujer grande a quien le gustaba coleccionar cosas; resultó una tarea agotadora revisar sus asuntos después de su muerte. Aquello le enseñó a Sydne una lección. A ella le gustan las cosas nítidas y simples. Considera que "los milagros ocurren en el espacio de la impecabilidad". También pensó en el caos que su vida se encontraba. De modo que volvió a su lista y agregó:

5. *Un lugar tranquilo; hermoso y original.*

Sydne mantuvo esa lista frente a sí y la miraba cuando se sentía desanimada, en los momentos en los que se preguntaba si alguna vez podría tener un lugar así.

El dinero que ella necesitó pronto se hizo disponible. Cinco meses después que su madre muriera, recibió el dinero de su herencia. Esta era su oportunidad de hacer realidad su lista y encontrar un lugar para vivir.

Cuando recibió el dinero, compró el periódico del domingo la noche del sábado anterior y revisó los clasificados. Hubo cuatro avisos que se veían prometedores.

"De esos cuatro, descarté dos de inmediato, cuando me enteré que no tenían vista a ningún lado. El domingo por la mañana llamé a la tercera opción; tenía vista a las montañas, una vista majestuosa al monte Baker, pero yo quería con vista al agua".

El cuarto aviso era corto y simple:

2 alcobas, 2 baños, garaje y vista parcial a Puget Sound.

"Llamé e hice una cita con la propietaria. Antes de ir, estuve meditando durante 20 minutos. Cuando terminé la meditación, hice una pequeña oración: 'Dios, permite que *algo* en mi vida sea fácil. Necesito *algo* fácil este año'".

Fue amor a primera vista.

"Conocí a la dueña, entré, y eso fue todo. Tan pronto como entré a la sala y vi el techo decorado en forma de catedral, la alfombra blanca, la vista y el patio, supe que no necesitaba ver más".

Luego de regresar a casa, dejó un mensaje en el contestador de la propietaria: "Por favor llámeme, lo quiero para mí".

No sorprende que la propietaria tuviera algunas reservas iniciales porque Sydne no tenía un medio convencional de pago, con un salario regular. ¿Cómo la convenció Sydne de que no se preocupara? Ella le ofreció dos cheques mensuales por adelantado de un crédito autorizado, y una referencia poderosa, el abogado que le ayudó cuando la editorial entró en bancarrota.

A pesar del hecho de que muchas personas estaban interesadas, la propietaria escogió a Sydne como su arrendataria.

¿Por qué funciona el asunto de hacer listas?

Cuando Sydne vuelve a leer su lista de cinco características, y mira a su alrededor, no lo puede creer. Obtuvo todo lo que había escrito en su lista. Ella lo expresa del siguiente modo: "¡Yo lo escribí! ¡Por eso es que funcionó!".

Sydne está convencida que haber escrito la lista hizo la diferencia.

"Escribir una lista permite que el asunto se salga de tu cabeza. Las cabezas se pueden convertir en lagos oscuros; cosas como las conversaciones, las charlas constantes, como quieras llamarlo, interfieren".

"La escritura permite que ese asunto se salga del pantano y salte al papel. Tú puedes ver la lista y ver que es real".

Cuando se plasman las metas en una lista, esta nos ayuda a estar concentrados. Eso es algo que Sydne aprendió de forma indirecta al dar sus seminarios.

"Cada vez que me paro frente a un salón, tengo un sólo objetivo de la sesión para el seminario. Una sesión de tres horas está hecha de una sola frase: el objetivo".

Tener ese sentido de lo que es lo más esencial le ha ayudado a saber expresar lo que quiere decir.

De la misma manera, hacer una lista constituye en una forma de poner en orden la mente. De acuerdo a Sydne, el proceso de reducir las metas a una lista es un asunto de entresacar de entre las conversaciones culturales, religiosas y sociales, lo que se quiere, no lo que otros quieren para usted.

"Cuando se es vago y general, se está a salvo. Pero cuando uno se sale de la escena, allí es cuando las cosas suceden. Nada puede ocurrir si se es vago y general —nada logra cambiar".

En los momentos difíciles, revisar la lista le recordó a Sydne que le aguardaba algo mejor. Le dio algo específico y definido en lo cual creer. Ahora Sydne dice que tiene un nuevo lema: hazlo fácil.

Antes de sentarse para organizar sus cuentas o de trabajar en su libro nuevo, cuando toma el teléfono para hacer una llamada importante, toma un suspiro y se dice a sí misma: "Hazlo fácil".

"Yo tengo esas dos palabras escritas en un par de lugares, 'Hazlo fácil' —todo, 'hazlo fácil'".

Regresé a mi automóvil pensando en el lema de Sydne, intentando hacer que encajara en mi propia vida. Atrás, quedó Sydne, diciendo adiós en la puerta de su nueva casa, en la calle Paraíso.

• AHORA ES SU TURNO •

Utilice las listas como el medio para cristalizar sus intenciones, para establecer lo que es de mayor prioridad para usted.

Mantenga la lista a la mano, y consúltela regularmente, especialmente si se siente desanimado o asustado. Enmarque la lista en su mente. Repítala para sí mismo: Esto es lo que deseo y esto es lo que está reservado para mí.

Piense en la lista como si fuera una lista de compras. Evite las generalidades, sea específico. No escriba simplemente "automóvil". Especifique el tipo de auto, el modelo y su recorrido. Si lo que desea tener es dinero, no escriba simplemente "dinero", escriba la cantidad precisa que desea obtener. Haga de cuenta que usted está enviando a alguien a la tienda, así que sea bien específico, asegúrese que la persona regresa con el tamaño y la marca que usted desea.

Escríbalo de forma fácil. Hágalo fácil.

CAPÍTULO 8

CONCÉNTRESE EN EL RESULTADO

La vida es como un laberinto, y la ruta hacia la realización exitosa de su meta puede estar llena de pasadizos ciegos y callejones sin salida. ¿Cómo continuar sin perder la ilusión? Mediante concentrarse en el resultado deseado.

En ocasiones hago trampa cuando resuelvo un laberinto: lo hago al revés. Inicio en la salida, y busco el camino hasta el punto de inicio. Por alguna razón es más fácil de ese modo. Todos podemos utilizar ese mismo enfoque en lo relacionado con nuestras metas. Debemos iniciar con nuestro punto de destino y luego, encontrar la manera de llegar allá.

Un avión que vuela desde el continente hasta Hawái permanece el 90% del tiempo fuera de su curso —el cual se mantiene en constante corrección. El piloto sabe que se dirige a Hawái, de modo que cuando el avión se desvía de su curso a causa de los vientos o por otras circunstancias, revisa sus instrumentos, ajusta su curso y regresa a la ruta. Al final, el avión aterriza en una isla pequeña en medio de un gran océano, y en medio de una pista de aterrizaje relativamente estrecha. Así ocurre con las metas, necesitamos revisar nuestra brújula y recordar hacia dónde nos dirigimos.

"Mantengan en mente que lo que quieren es una piscina"

En una ocasión en la que estaba desanimada, mi amigo Erich Parce me contó una historia. Su amigo, Lou Tice, el reconocido conferencista sobre motivación, contó que sus hijos querían tener una piscina en su patio. Aquello no hacía parte del presupuesto familiar, pero Lou no quería desestimular sus sueños. Él no les dijo a sus hijos que el asunto de la piscina estaba fuera de discusión: más bien, cuando el asunto surgía, él continuaba respondiéndoles: "Mantengan en mente que lo que quieren es una piscina".

Cierto día iba toda la familia en el automóvil y de repente vieron una enorme piscina por encima del nivel del suelo en el patio de una casa —justo la piscina que los hijos querían tener.

"Papi", suplicaron, "detengámonos y preguntémosles dónde la consiguieron y cuánto les costó".

Lou estaba vacilante de ir a tocar en la puerta de un extraño, pero sus hijos estaban tan entusiasmados que finalmente accedió. ¿Pueden imaginarse la sorprendente respuesta del dueño de la piscina?

"Queremos deshacernos de esa piscina —casi nunca la utilizamos y queremos plantar un jardín aquí. ¿A ustedes les gustaría tenerla?".

Sin ningún costo, la familia Tice tuvo su piscina.

La historia de esa piscina me recuerda la importancia de la fe. Necesitamos tener fe de que podemos alcanzar nuestras metas. Cuando nuestra fe flaquea, debemos escribirlo como si fuera una realidad.

Fui invitada a dar un taller en Grecia, pero a medida que la fecha se acercaba, parecía como si tuviera que ser cancelado porque no había suficientes asistentes matriculados. En ese momento fue cuando Erich me contó la historia de la piscina y me recordó: "Mantengan en su mente lo que quieren es una piscina". La piscina era Grecia, y la mejor manera de mantenerlo en la mente, era mediante escribirlo.

Me propuse escribir sobre Grecia cada día hasta que recibiera una llamada que dijera que el taller se iba a realizar:

Este verano planeo estar en Grecia para dar un taller fenomenal ante una clase abarrotada en el Skyros Center en la isla de Skyros. Puedo visualizar a la gente inscribiéndose a raudales. Sería maravilloso si la clase estuviera tan llena que tuviéramos que decir que ya no hay más cupo.

Usando los paisajes del catálogo como referencia, me imaginaba cómo sería estar allí:

Me detengo por un momento para fotografiar el salón de clase soleado donde estoy enseñando. Estoy frente a un grupo de 20 personas y ellos están poniendo por escrito lo que hay en sus corazones. El auditorio está energizado y animado. En la noche caigo rendida de cansancio en la cama completamente satisfecha y me despierto renovada y energizada al sonido de los gallos y de los asnos, lista para disfrutar de un melón fresco y yogurt, nadar en el Egeo y hacer yoga en la playa.

Todavía no tenía respuesta de los organizadores del taller. Hice algunas llamadas, distribuí algunos volantes, envié invitaciones para hacer registro vía internet. Nada se concretaba. Estaba empezándome a sentir desanimada, estaba empezando a perder mi fe. Pero cada vez que vacilaba, recordaba la frase de Erich, "Mantengan en mente que lo que quieren es una piscina". De modo que me mantuve escribiendo. Recibía con gran alegría la noticia de que alguien hubiera reservado:

Me estoy poniendo nerviosa cuando pienso en Grecia, pero tengo clara mi intención: estar en Grecia este verano, enseñando y ayudando a la gente a sentirse más segura respecto a su escritura y a estar en paz consigo mismos.

Siento la alegría a mi alrededor, en los participantes se proyecta una luz blanca desde las casas pintadas en estuco en contraste con el azul del mar Egeo. Es un sentimiento de plenitud y de satisfacción, y mucho más que eso, es una sensación de exuberancia, de júbilo y de celebración.

Casi en todos los casos, me mantuve escribiendo, y el desaliento se transformó en un plan de acción o en una nueva visualización. Yo llevaba a cabo el plan de acción —y seguía escribiendo.

Estuve escribiendo cada uno de esos 45 días, recordaba el asunto de la piscina. Entonces el teléfono sonó temprano cierta mañana con una voz que decía, "Adelante con lo de Grecia". El taller había agotado sus cupos con personas de todas partes del mundo.

Ahora miro atrás con sorpresa cuando veo cómo mi escritura anticipo de forma tan exacta todo lo que ocurrió.

Yendo más allá del resultado

Hacer énfasis en el final es un asunto más complicado, sin embargo, existe todavía un nivel más profundo donde se puede ir, el cual, puede consolidar aún más su resolución. Yo denomino a este nivel "el beneficio del beneficio", o "el resultado del resultado". En vez de escribir simplemente la meta, considere por qué desea alcanzar esa meta, por qué el alcanzarla enriquecerá su vida y la vida de otros. Para alcanzar este nivel y llegar hasta los niveles más profundos, (el resultado del resultado del resultado), agregue la descripción de su meta a medida que escriba "... y por causa de eso..., y entonces..., y por esa razón...".

María trabajaba en la barra de una cafetería llamada Diva´s. Ella estaba buscando un apartamento cerca al parque, "en lo alto del cielo", donde permitan tener mascotas.

Ella deseaba tener pisos de madera y muchas ventanas.

Temprano, cierto sábado por la mañana, estuvimos a solas en la cafetería con María y ella compartió conmigo una descripción de su apartamento ideal. La descripción la escribió en una hoja de papel que arrancó de un cuaderno. Cuando leí su lista supe que pronto tendría su lugar soñado, porque en cada elemento, ella escribió, no sólo lo que quería, sino también por qué lo quería.

En lo alto del cielo —quiero el piso más alto.

Se permiten las mascotas, ¡porque estas traen alegrías!

Pisos en madera, porque son de fácil mantenimiento.

Cerca a un gran parque, para salir a correr.

Rodeado de ventanas, para tener luz adicional.

No me sorprendió, cuando, dos semanas después, María llegó a Diva´s con ojos brillantes. —Había encontrado un pent-house con pisos de madera y grandes ventanas, justo al lado de Green Lake; ¡y permitían tener mascotas!

A veces el "resultado del resultado" no es tan claro ni aparente como lo fue para María —se necesita permitir que la escritura revele por qué la meta es tan importante para usted. Esa es la lección que aprendí cuando apliqué en una ocasión para aparecer en la ópera.

Soy una gran aficionada a la ópera, así que me sentí entusiasmada cuando escuché que la Ópera de Seattle estaba buscando "supernumerarios", es decir, actores que no cantan, para la puesta en escena de *Turandot*, de Puccini.

Resolví en mi mente que yo quería ser uno de esos "extras".

¡Y vaya! Cuando fui al estudio de la Opera de Seattle para tomar las medidas de la parte en silencio de Lady Pang, no di la talla. Mis medidas eran todas incorrectas. Hasta les dije que gustosamente podía ganar o perder peso, pero ellos dijeron que el asunto era en realidad más un asunto de estatura. Yo era demasiado alta para el papel. Ellos dijeron que lo sentían mucho, pero que ya tenían el vestido listo para la parte y que este no me quedaba bien, y que, además, que el tenor, con el que iba a salir era bajo de estatura.

Así que fui rechazada.

La oportunidad de estar en el escenario de una ópera era demasiado maravillosa como para dejarla escapar. Así que decidí que iba a obtener el papel.

Me fui a casa y empecé a escribir respecto a estar en esa ópera.

Es tan maravilloso estar en Turandot, estoy tan feliz.

Aun cuando escribo que mi corazón está tensionado —siento que mi pecho se expande y exhala. Me siento extasiada de pensar que voy a estar rodeada de la música que amo, y hacer parte de algo tan majestuoso.

Soy acogida y pertenezco a la escena, y los cantantes sonríen cuando paso a los bastidores.

Le mencioné a una amiga cercana cuán cerca y a la vez, cuán lejos, me sentí de conseguir esta parte. Ella no ayudó mucho cuando me contó las muchas oportunidades en las que fue rechazada cuando trabajaba como modelo y actriz comercial.

"Así es como pasa en el teatro", dijo ella.

Eso no era lo que yo necesitaba escuchar. Entonces intenté no caer en el modo de pensar "asunto cerrado".

Escribir en tiempo presente, resultó ser de gran ayuda para mantener la fe, a pesar de que no me sentía bien cuando lo hacía.

Me encanta utilizar un traje de época y los pequeños accesorios —me gustan los rizos y los zapatos de seda— me gusta tener un asistente de teatro que me ayude a alistarme y tener todo preparado, el maquillaje artístico, la agitación, el asistente de pelucas ajustando las moñas en mi cabello —mi cabeza engalanada con toda esa magia, el ambiente de camaradería con los demás, el sentido de pertenencia, el trabajo en equipo, el esfuerzo conjunto.

En algún momento, cometí el error de llamar a Paula, la supervisora de producción para ver si ya habían encontrado a alguien más, y me dijo que en la tarde se presentarían tres mujeres más para tomar las medidas.

Me siento triste. Paula dice que no sólo es un asunto de estatura, sino que también necesitan una cintura más delgada, y ya hay otras tres candidatas, ¡caray! Anhelo tanto tener esa parte que no puedo soportarlo.

Para atenuar mi desengaño, volví a escribir, y esta vez fui al nivel más profundo, "el beneficio del beneficio", "el resultado del resultado".

Revelando el 'por qué' detrás del 'qué'

¿Por qué quería obtener esa parte tan desesperadamente? ¿Qué podría ocurrir si la obtenía? Cuando escribí la respuesta a esas preguntas, empecé a comprender por qué significaba tanto para mí. Estar en esa producción me ayudaría en mi escritura: pondría colores a mi mundo al estar rodeada de sonidos tan maravillosos. Observar tras las bambalinas la forma en que una obra tan magistral llega a ponerse en escena, me ayudaría en mi trabajo de edición y en mi sentido de elección. Adicionalmente, esta ópera en particular tenía una conexión personal especial, ya que me producía mucha alegría el sólo pensar en la idea de que *Turandot* era la ópera que había visto en el Metropolitano de Nueva York durante el lanzamiento de mi primer libro, algo de lo que había escrito también en mi segundo libro. Y quería además, que su energía y encanto se transfirieran al proyecto que estaba realizando. Cuando me di cuenta de eso, aquello cobró más importancia y se convirtió en una metáfora para mí; se convirtió en un símbolo de lo que era posible para mi tercer libro.

Entonces escribí sobre "el resultado del resultado" en tiempo presente:

Imagine esto. Estoy bajo contrato con una editorial importante, poniendo por escrito lo que hay en mi cerebro... Qué alegría es estar haciendo lo que estoy haciendo, trabajando duro en la edición y en darle forma a estas entrevistas. Me siento tan productiva, tan bien... mi creatividad está volando. Parte de lo que inspira este espíritu en este estado constante de elevación es el hecho de que varias noches y algunas tarde, las paso en las tablas de la Casa de la Ópera de Seattle ensayando para Turandot.

...tan pronto como me subo a la tarima o estoy cerca de ella en el auditorio, mi corazón se estremece, mientras veo que la producción se entreteje en finas mezclas con mi escritura y mi trabajo.

...qué emoción caminar por la "salida al escenario" (sólo personal autorizado) para hallarme compartiendo en ensayos con personas que admiro, y cuando el director de escenario pronuncia su voz por el intercomunicador, mientras la música de Puccini forma remolinos a mi alrededor. Su ritmo se refleja en mi escritura.

Dos días después de escribir sobre "el resultado del resultado", recibí una llamada de la ópera: la persona que se suponía iba a tomar la parte no podía hacerlo, y me nominaron para participar.

Y sí, mi inmersión en la música y hacer parte de esa gran producción ayudó a que mi escritura fluyera y contribuyó a fortalecer mis habilidades en la edición. Y como bono adicional, puedo contar la historia aquí.

• AHORA ES SU TURNO •

Escribir sobre el resultado le ayudará a mantenerse enfocado, aun en momentos en que no lo esté —o que crea que no lo está. La palabra escrita mantiene la imagen firme, inquebrantable, como un faro, constante.

Escriba en tiempo presente, como si estuviera describiendo algo que ya esté pasando. Yo denomino a esto "escribir como realidad". Asegúrese de ponerle la fecha a su escrito, para que cuando lo lea *después*, tenga la sensación de que lo escribió después de haber ocurrido.

A continuación vaya más al fondo. No sólo escriba el resultado, sino "el resultado del resultado". No sólo escriba *qué* es lo que quiere, escriba *por qué* lo quiere. ¿Por qué hace la diferencia tenerlo o no tenerlo? Siga profundizando, ¿por qué desea tener eso? Y aún más al fondo, el resultado de ese segundo resultado, y así sucesivamente, hasta que usted llegue a la médula del asunto.

Una forma de hacer esto es, a medida que escriba, llene repetitivamente el espacio en blanco, "...y por eso yo...".

Concentrarse en el resultado y el resultado del resultado hace que su sueño se mantenga vivo. Cuanto más se concentre en los efectos que su meta tendrá en su vida y en el mundo, más estará dedicado a la misión de alcanzarlo.

CAPÍTULO 9

CAMBIE SU ENTORNO: ESCRIBA ESTANDO CERCA AL AGUA

La mayoría de nosotros piensa que escribir significa sentarse frente a un escritorio o una mesa con una silla de espalda recta, los pies firmemente puestos en el piso, el lápiz sostenido de forma correcta y el papel alineado en el ángulo correcto.

Es probable que tengamos ideas como esas porque asociamos la escritura con estar en la escuela. Pero cuando usted está describiendo sus metas, analizando en detalle el cuadro perfecto de sus planes, o escribiendo con resolución, es un hecho que la creatividad con frecuencia fluye más fácilmente cuando usted está al aire libre —especialmente si está cerca al agua.

La conexión entre el agua y la creatividad puede ser rastreada al menos hasta el siglo tercero antes de nuestra era. Arquímedes el matemático, cansado de batallar contra un problema, fue a los baños públicos. Allí se sumergió en aguas tibias para obtener una sensación de tranquilidad. Él observó que a medida que se sumergía, el nivel del agua se aumentaba ligeramente a su alrededor. De repente, tuvo la solución a su problema científico.

Había descubierto la forma de medir la densidad mediante el desplazamiento. Descubrió un método para determinar la pureza del oro en la corona de Rey Hierón.

Arquímedes estaba tan complacido con la revelación, que de inmediato saltó del agua, y comentan que corría desnudo por las calles de la antigua Atenas y gritaba, "Eureka"; eso es, "¡lo encontré!".

Al hundirse en el agua, Arquímedes experimentó el fenómeno físico que contestó su acertijo; pero también, quizás fue el hecho de que tenía relajada su mente al estar rodeado de agua lo que lo llevó a su descubrimiento.

Estar cerca del agua —uno de los cuatro elementos de la vida— fomenta la creatividad. El erudito de Princeton, Julian Jaynes, dice que los mejores descubrimientos científicos y matemáticos han ocurrido en la cama, en el baño y en el bus. La expresión baño, no se refiere simplemente al primer significado de la palabra, sino que incluye todo contacto con el agua, lo que implica estar tomando una ducha, nadar en un lago, caminar bajo la lluvia, e incluso estar en un barco.

En Seattle tenemos la bendición de tener abundantes lluvias. Suficiente agua cayendo de forma tranquila. Buena lluvia para el pensamiento y para plasmar por escrito las ideas. (Yo suelo llevar conmigo papel y bolígrafo a prueba de agua del que utilizan los encuestadores.)

Adicionalmente, tenemos el sistema de ferris que viaja a Puget Sound de ida y vuelta, embarcaciones que surcan las aguas de las islas San Juan. Al igual que Edna St. Vincent Millay, que estaba tan cansada y tan feliz que viajó de ida y vuelta durante una noche en el ferry de Staten Island, yo he tenido el placer de viajar por horas, feliz en la tranquilidad creativa que me ofrece este sistema de transporte.

En muchas ocasiones he traído a uno de mis hijos conmigo, particularmente cuando alguno de ellos está trabajando o estudiando sobre algún tema importante. Cuando Peter se estaba preparando para el SAT, abordamos el ferry a las seis, después de comer, y no desembarcamos sino hasta las diez, con una gran sensación de satisfacción y de sonrisas gigantes en nuestro rostro. Cuatro horas de logros sólidos abrochados a nuestros cinturones. Por supuesto el elemento de no tener distracciones, así como de la repetición rítmica, contribuyó a nuestra productividad. Y algo más —estar cerca al agua.

La cercanía al agua, especialmente agua en movimiento, hace que las ideas fluyan. La propensión particular de que el agua genera pensamientos creativos me fue revelada cuando mencioné en un taller en el centro holístico de Boston cómo la gente con frecuencia consigue inspirarse en la ducha. Yo les dije de forma un tanto jocosa que puesto que la inspiración puede alcanzarnos allí, es sabio estar preparado con un bolígrafo y papel a prueba de agua o con crayolas lavables para escribir sobre las paredes.

En ese momento, una mujer de cabello crespo en la fila del frente asintió vigorosamente cuando describía ese fenómeno.

"Se debe a los iones negativos del agua", contribuyó ella alegremente.

Aquello resultó nuevo para mí, de modo que decidí investigar más al respecto. Y me quedé encantada con lo que encontré. Los estudios demuestran que la gente puede presentar dolores de cabeza y fatiga cuando el aire está sobrecargado de iones positivos, producidos por cosas como el aire acondicionado, los transmisores de la televisión y los vientos estacionales. Para contrarrestar esto, se utilizan 'ionizadores negativos', los cuales generan una abundancia de electrones en el aire, lo que resulta en que la gente sea más energética y más creativa.

Yo comenté esta idea de las duchas y de los iones negativos a un grupo de académicos ante quienes estaba hablando en Calgary. Entonces, un profesor canadiense de contextura gruesa se me acercó durante el descanso y me dijo:

—*Yo sé muy bien de lo que habla. Mi esposa es así, dijo con firmeza.*

—*¿Disculpe?.*

—*Digo que mi esposa es así.*

—*¿Su esposa es así? No entiendo.*

—*Sí, es tan negativa en las mañanas; hasta cuando se va a la ducha.*

No tuve el valor de comentarle sobre la polución moderna, la estabilidad molecular y los ionizadores artificiales. Pero probablemente él haya encontrado información al respecto. Como lo descubrió Arquímedes, el agua limpia y suaviza, además de restituir nuestro balance. El mismísimo sonido o la sola posibilidad de ver el agua caer, nos calman y hacen que nuestra imaginación se active.

El sentido del humor del cosmos

Cuando yo deseo activar mi propia creatividad, busco lugares donde me pueda sentir cómoda para escribir, donde fluyan mis ideas. Durante años he estado escribiendo en Espresso Vivace Roasteria en Capitol Hills. Allí disfruto de la energía y la amistad de los que atienden a la barra, y de la mejor cerveza de Seattle. Cierto día, al entrar, me di cuenta de un rasgo adicional del entorno que resultaba estimulante. Aunque era obvio, me había sentado allí muchas veces sin notarlo. Vivace está situado en un viejo edificio que antes era una escuela, con vista hacia una represa con una caída de agua a través de una fuente sobre un estanque artificial. Cuando tomo mi silla en la ventana opuesta, estoy rodeada de agua. Allí es donde descanso, y con frecuencia camino por la ruta que rodea la fuente. Aquí estaba yo absorbiendo los iones negativos a mi alrededor, sin siquiera estar consciente de que lo estaba haciendo.

Es agradable saber que hasta cuando no me estoy cuidando a mí misma, alguien lo está haciendo por mí, con frecuencia con un sentido de humor cósmico. Cierta tarde, estuve escribiendo durante tres horas y media acompañada de un Uptown Espresso, en el área de Queen Anne, cerca de la Opera House. Estaba tan concentrada en mi trabajo, que no fue sino hasta la segunda hora cuando levanté la vista y vi algo que me hizo sacudir la cabeza y estallar en risas. De todas las mesas que pude haber escogido para trabajar, había escogido una con una lámpara que giraba con el calor y que proyectaba las cascadas perpetuas del Niágara.

Sin darme cuenta, la foto en movimiento de las cascadas había estado en continuo movimiento a mi lado mientras trabajaba.

Cree un entorno para la creatividad

Cualquiera que sea la razón detrás de la creatividad cerca del agua, funciona. Estos son algunos ejemplos del principio en acción.

Un amigo mío hizo construir una ducha en el área de su oficina. Al principio, él dijo que era para las noches cuando se le hacía tarde y tenía algún compromiso para cenar en el centro de la ciudad. Al final, tímidamente admitió la verdadera razón para instalarla. Para él la ducha es como un tanque del pensamiento. Un lugar donde puede ir, hasta en medio de la actividad diaria, para relajarse y pensar en las cosas cabalmente.

En uno de mis talleres, un participante que practica el buceo me dijo que lograba tener tantas ideas cuando estaba en el agua, que había colgado un portapapeles sumergible para registrar los pensamientos que se le ocurrían. Usted puede conseguir uno de esos portapapeles sumergibles en una tienda de buceo por diez dólares.

Otro asistente a uno de mis talleres me sorprendió cuando sacó de su morral un generador de iones negativos de bolsillo que conectaba al encendedor de su auto para ayudarse a pensar con más claridad mientras conducía.

Y una reportera de *The Seattle Times* me dijo que cuando se siente abrumada, con una fecha de entrega límite, se levanta de su escritorio y sale a caminar alrededor del Green Lake, llevando consigo su libreta de apuntes y un lápiz.

Usted puede adaptar cualquiera de estas costumbres a su propia rutina y situación de trabajo. A continuación parafrasearé el requerimiento que le hizo Wordsworth a Michael para que saliera fuera:

Un impulso desde el burbujeante arroyo

Puede enseñarte más de la humanidad

De lo moral, de lo bueno y lo malo,

Que lo que puedes aprender al estar bajo techo.

• AHORA ES SU TURNO •

Las corrientes de agua, las fuentes y las cascadas estimulan la creatividad. Si desea crear momentos especiales para capturar y expandir su inspiración y dar forma a sus sueños, manténgase cerca del agua, especialmente del agua en movimiento, y no olvide llevar papel y lápiz; pronto estará gritando, "¡Eureka!".

Eso sí, le sugiero llevar ropa puesta antes de salir a la calle para celebrar la noticia de su descubrimiento.

CAPÍTULO 10

ESCRIBA DE FORMA HABITUAL

Las agendas nos permiten registrar nuestras citas, nuestros gastos, eventos programados, y cualquier otra cosa que queramos incluir en nuestro calendario y que queramos portar con nosotros.

Ello en cuanto a los asuntos cotidianos, pero, ¿qué hay del lado espiritual? ¿Existe algún tipo de planeador para el día que no sólo nos recuerde nuestros compromisos, sino que también nos estimule, de una forma breve, a ser mejores personas, algo que no sea una lista de cosas para 'hacer', sino de cosas para 'ser'?

Cierto artista de nombre Ron tiene dicho sistema. Él utiliza de forma diferente la escritura para dirigir sus metas y para guiar su vida diaria.

La historia de Ron

Ron y yo nos conocimos en el "Concurso de escritura de novela de tres días", de modo que podríamos decir que corrimos una maratón juntos, un tour literario de resistencia. Durante tres días intensos durante el fin de semana del Día del trabajo, nos sentamos en mesas contiguas en el Vivace y escribimos entre 15 y 16 horas al día, y difícilmente intercambiamos una palabra hasta que terminó el evento.

Ron es un hombre joven, de presentación impecable y con muchos talentos. No me sorprendió enterarme de que una de sus aficiones de creación expresiva es la danza. Para el tiempo en que nos conocimos era estudiante de actuación y escritura de guiones, y estaba en medio de un ensayo para dirigir *A Chorus Line*, mientras que convertía una novela que había escrito en un guión.

Ron es un Adonis de energía compacta. Cuando hablas con él, puedes percibir su poder latente bajo su piel. Si surge alguna situación de peligro en algún lugar del mundo, interrumpe la conversación de forma cortés, y con una sonrisa que indica "alguien tiene que hacerlo", busca la cabina telefónica más cercana, y de allí emerge como el hombre de acero, o tal vez cruce sus brazos y emerja como un Power Ranger.

Actualmente Ron está en Texas tomando una carga pesada de 21 créditos de graduación en la Texas Women´s University. ¿Cómo consigue mantenerse concentrado, y cómo logra abarcar tanto en un día? Ron dice que lo logra mediante su "lista diaria de intenciones".

Escribiendo las intenciones del día

"Comienzo el día escribiendo una lista de recordatorios para mí mismo. Pensamientos sobre cómo deseo llevar mi vida durante ése día".

"...Es una forma de conectarme con los elementos que representan un valor significativo en mi vida. Cuanto más me hago consciente de estos, más se enriquece mi vida. Por eso es que escribo todos los días".

Su prioridad en la lista es:

Monitoreo y observo mis pensamientos, encauzándolos siempre que sea posible.

"Lo anterior me ayuda a mantenerme en el presente.

La vida se vive en el presente. Cuando estoy confundido en mis pensamientos, es porque me he separado del aquí y el ahora".

El segundo aspecto de su lista subraya lo práctico de ese enfoque.

Me concentro en el aquí y el ahora mediante la respiración y la consciencia sensorial.

Ron escribe su lista tan rápido como le es posible, e intenta escribir todas las cosas a partir de lo que hay en su memoria. Luego de sus dos primeras prioridades, los demás elementos no son escritos en un orden de jerarquía. Sin embargo, él disciplina su mente para no mirar las entradas anteriores a menos que no pueda recordarlas a partir de las últimas.

"Las cosas que escribo en la lista, son recordatorios de herramientas, principios, y prácticas con las cuales me quiero sintonizar en mi vida diaria. Antes, solía escribir esos recordatorios como órdenes, por ejemplo, 'Monitoree y observe sus pensamientos', pero cuando cambié la estrategia y los puse en tiempo presente y en primera personas, se hicieron más directos".

Ahora hablo menos y escucho más, y dejo que mis acciones hablen más que mis palabras.

También trato a cada persona que encuentro a mi paso, como la persona más importante del mundo.

Siento el poder del universo fluyendo a través de mí. A la gente le encanta darme su afecto y reconocer mi trabajo, dándome el dinero que merezco.

Cada dólar que gasto enriquece al universo y regresa a mí multiplicado.

Escribir el objetivo de los principios que quiere que lo guíen durante el día, le ayuda a comportarse de la manera deseada, y esto se debe a que sus objetivos le pueden corregir su curso si resulta necesario.

Coleccionando aforismos

Por lo general, las máximas y las afirmaciones que Ron escribe provienen de su extensa lectura, o las compone a partir del material que esté desarrollando.

O examina por casualidad alguna expresión que le impresione. Por ejemplo, en una ocasión escuchó al filósofo Jean Houston en una entrevista radial y le escuchó la expresión "tiempo policromático", y enseguida pensó que aquello era una buena idea.

La expresión "tiempo policromático" se refiere al tiempo que pasa de forma diferente, dependiendo de lo que usted esté haciendo y de lo involucrado que esté en la tarea.

Cuando usted está trabajando en algo sin ninguna distracción, totalmente enfocado, las horas pueden pasar y parecer unos cuantos minutos. Usted se encuentra en la eternidad y en un momento del tiempo de forma simultánea.

Así que una de las cosas que él escribe para sí mismo todas las mañanas es:

Vivo en tiempo policromático, acrecentando la riqueza de mi vida.

Varios de los elementos en la "lista de intenciones" reflejan las necesidades cambiantes en la vida de Ron: son máximas para ayudarle a permanecer saludable:

Minimizo mi porción de alimentos, paso de comer V3 a comer V2 en cada comida.

Otra entrada en su lista es un incentivo para aumentar sus intereses artísticos e intelectuales:

Desarrollo una obsesión magnífica, sabiendo que una gota aquí, y otra allá, pronto desencadenan una inundación.

Ron explica que esta contribución particular a su lista proviene de un amigo que estudia en la Universidad de Delaware para obtener un título de MFA. Su profesor de pintura utilizó esa expresión para animar a sus estudiantes a demostrar pasión en su trabajo y a estar dispuestos a trabajar con constancia.

La "obsesión magnífica" de Ron es la música.

"Quiero componer música original aun cuando no tenga mucho tiempo para dedicarle ahora. He estado trabajando en teoría musical, en voz, en canto y en el piano. Practico la teoría musical cuando me levanto, cuando estoy en el baño, y cuando estoy trabajando en los libros de ejercicios".

Poquito a poco, todo se va juntando.

"Ya terminé el libro de teoría musical del primer año, y ya voy en el segundo".

Ron utiliza una palabra para describir cuando deliberadamente participa en tareas múltiples: "combopop".

Hago una cosa a la vez hasta completarla, a menos que haya planeado de antemano hacer actividades combopop.

"Bruce Lee puede leer un libro, ver televisión y practicar artes marciales al mismo tiempo". Cada cosa toma una parte diferente de su atención, de modo que puede hacer las tres cosas en el mismo momento y hacerlas bien. A eso es a lo que me refiero cuando digo 'actividades combopop'.

Ron es el primero en admitir que no hace 'combopop' con la misma intensidad de Bruce Lee; pero puede, por ejemplo, estirar sus piernas mientras sujeta el teléfono. Pero si no ha escogido de forma deliberada hacer muchas cosas a la vez, entonces se concentra en una tarea a la vez hasta que termina.

Otra frase en su vida diaria refleja parte de su filosofía y credo subyacente.

Me tranquilizo por encima de todo temor, vivo de mi ser espiritual que no conoce temor y que sabe que el universo suministra todo para mí ahora.

Al decir, 'el universo suministra', Ron dice que esta es una manera de abarcar varias creencias.

"Cuando digo, 'el universo' no me refiero a fuerzas extraterrestres. Me refiero a lo que Maltz habla en su libro *Psicocibernética* —introduzco el asunto en mi generosa mente inconsciente y las cosas que pido o las cosas que deseo, empiezan a aparecer en mi vida. La gente cree que se trata de coincidencia. Pero si eso fuera cierto, no habría ninguna influencia en ello. Pensar que las circunstancias y la coincidencia pueden regir mi vida es desechar completamente las intenciones de mi parte. Eso es darle crédito al destino: soy una vil producción del mar del destino y puedo ser aventado a donde me quieran llevar las corrientes. Muchas personas creen que su vida está regida por un destino, y que todo en la vida ya ha sido predeterminado".

"Yo no quiero ser ninguna de esas personas".

Ron considera que más bien, es asunto de estar abierto a las cosas, y dejarle saber a la gente que su intención es ganar.

"Se trata de tener intención y estar consciente de que lo que se desea es significativo. Una vez se tiene claro lo que se desea, me parece a mí, el universo lo provee: usted atrae lo que necesita. Esa es la razón por la cual hago listas y afirmaciones cada mañana. No es un asunto de coincidencia".

"Si usted desea tener un resultado deseado, usted puede influir en las posibilidades. Tal como lo hace un miembro de la ópera de Pekín al girar los platos, usted puede girar las probabilidades de incrementar el resultado deseado convirtiéndolo en algo real".

Únase al flujo de la vida

Cierto adagio curioso en la lista de Ron hace que surjan algunas preguntas. Hace parte central de su modus operandi.

Vacío mi cesta de preferencias.

La "cesta de preferencias" se refiere a las cosas que él planea hacer durante el día. Al vaciar la cesta, él quiere decir que está consciente de su calendario, pero no atado a él.

"Salgo y me uno al flujo de la vida, permito que ocurran nuevos desarrollos, y reacciono en consecuencia".

La expresión no es original de Ron.

"La genealogía de la expresión proviene de un hombre con el que estudiaba artes marciales, y quien había estudiado a Bruce Lee".

Uno inicia el día anotando lo que quiere lograr ese día, pero no llena la "cesta de las preferencias" de modo que quede demasiado llena. Es posible que usted se encuentre haciendo algo que no estaba en la lista. Si usted planea su agenda completamente no va a tener tiempo para esas cosas espontáneas.

"Cuando algo nuevo surge y ello tiene significado para mí, y ese algo llega a tener más valor que lo que había planeado, entonces cambio de plan y emprendo el nuevo asunto. De modo que cuando salgo, lo hago sin cerrarme a mi lista de preferencias, y más bien, me uno al flujo del mundo y del universo, y reacciono sin expectaciones de recompensas de parte de la gente o de las situaciones. De lo contrario, estaría limitando lo que esas situaciones o personas pudieran ofrecerme. Si yo me presento con mi agenda preconcebida, eso representa un bloqueo. Hay mucho más para aprender si estoy abierto a las posibilidades y si puedo interactuar con las situaciones que me presenta la vida".

Ron insiste en que existe una diferencia abismal entre su cesta y su lista para el manejo del tiempo. Una de las diferencias es que al final del día, él no se está recriminando a sí mismo por lo que no ha hecho.

"No hay razón para sentirse culpable, porque entonces estoy violando la mismísima primera cosa en mi lista de intenciones: *monitorear mis pensamientos,* y la segunda, estar en el aquí y en el ahora. La culpa queda en el pasado".

"Quiero hacer todo lo que esté a mi alcance para dedicar mi tiempo y consciencia al aquí y al ahora, porque ahí es donde está la vida". Cuanto más grande pueda hacer del momento presente, más podré enriquecer mi vida".

"Me mantengo abierto a los nuevos desarrollos y oportunidades, improvisando dentro de la estructura de la intención".

Cuando se descartan elementos de la lista de intenciones

El propósito de escribir recordatorios es para implantarlos en la mente. Ron ha estado escribiendo su lista ya por varios años. De forma idealista, él desea llegar al punto en que no tenga que escribirlos cada día, donde estos se conviertan en axiomas automáticos que surjan en su mente cuando enfrente situaciones de estrés. La lista cambia a medida que las normas son asimiladas en su comportamiento; al descartar algún elemento de la lista, se agrega uno nuevo. Lo mismo se puede decir de muchas experiencias de aprendizaje.

Cuando se aprende algo, al comienzo la experiencia puede resultar incómoda. Sólo hasta cuando se practica por un tiempo, se hace más agradable, hasta el punto en que ya ni siquiera se piensa en ello.

"Cuanto más se hace algo, más pronto se convierte en hábito y en una habilidad, lo cual se sumerge en la mente subconsciente y llega a hacerse de forma natural. Un ejemplo perfecto de esto es conducir un automóvil. Quienes hemos conducido, sabemos que en algún punto teníamos que prestar atención a todo. Cuando pasa el tiempo, nuestra mente es la que conduce de forma automática, tenemos puesto el piloto automático".

Para Ron, al poner un elemento en su "lista de intenciones" hace que se cierre la brecha entre aquello que necesita y su atención para empezar a trabajar en conseguirlo.

El escribir las afirmaciones en contraposición a sólo expresarlas

Ron escribe las mismas cosas cada día, en parte como una forma de afirmación, pero también "como un asunto de enfoque y de memorización". La "lista de intenciones" le ayuda a recordar la clase de persona que se está esforzando por ser. Es como una sombrilla, que de forma acumulativa crea una actitud, y establece un fundamento.

"Estos recordatorios establecen un patrón cuando salgo a enfrentar al mundo. Voy equipado con un enfoque. Mi intención es la de llevar a cabo estas cosas. Mi intención es la de monitorear mis pensamientos, estar en el aquí y en el ahora, minimizar el tamaño de las porciones que ingiero, hablar menos y escuchar más, y todas las demás cosas".

Cuando se tiene la intención de hacer algo, es más probable que las cosas se lleguen a realizar

"Cuando lo pongo por escrito estoy diciendo que quiero vivir de esa manera, que este será mi enfoque. Mi lápiz no puede registrar nada que yo no crea. Cuando escribo cada principio, pienso en él y pongo a prueba mi compromiso de cumplirlo".

Ron sabe que muchas personas prefieren escribir una lista como esta sólo una vez, o escribir una versión digital, y simplemente volver a leerla cada día para referenciar los conceptos mediante escucharlos al pronunciarlos en voz alta. Esa técnica también pudiera funcionar. No obstante, Ron dice:

"La razón por la que escribo mi lista todos los días es para constatar cuán serio es mi compromiso".

El simple hecho de escribirlo hace que me pregunte, ¿Estoy en el aquí y en el ahora?

"Cuando me despierto, me encuentro en un estado diferente. Acabo de salir del estado de los sueños y a veces me despierto asustado. A veces me cuesta empezar a escribir la lista porque no logro pensar en los elementos, a pesar de que los escribo todos los días. Esto representa una forma de medir cuán alerta esta mi mente y cuán conectado estoy, qué tan conectado polo a tierra estoy en cierto día en particular.

"Si tengo un *lapsus* o no logro recordar algo, y necesito mirar la lista de intenciones del día anterior, entonces sé que tengo que pulirme y estar más alerta durante el día, para hacer los ajustes necesarios".

Alimentando la mente interior:

Ron considera que ponerlo por escrito alimenta la mente interior, la mente "no tan consciente".

"La imagen visualizada vívidamente a través del elemento emocional es tan fuerte como la experiencia real, siempre y cuando el cerebro y la 'mente no tan consciente' estén involucradas. Cuando alimento mi 'mente no tan consciente', le doy al universo la descripción de las cosas que estoy solicitando. Esa es una de las razones por la cuales escribo mi lista todos los días".

La "lista de intenciones" se ha convertido para Ron en una manera de organizar un proceso de aprendizaje acelerado y le ha dado la posibilidad de aplicar ese procedimiento a su comportamiento diario.

"Los beneficios de todo esto se traducen en un enriquecimiento significativo de mi vida".

• AHORA ES SU TURNO •

Para Ron, escribir sus metas y principios todos los días representa una manera de afectar su comportamiento. Constituye una manera de influir en su propia vida. Para él, hacer esto es como cepillarse los dientes y afeitar su cara cada mañana; simplemente lo hace, y ello lo prepara para enfrentar el día que tiene por delante. Su lista es personal, y tiene significado y aplicación sólo para él.

Cree su propia lista con aquello que represente mayor significado para usted. Con frecuencia en nuestras conversaciones o en nuestras lecturas nos topamos con aforismos concisos y conceptos impactantes. Reconocemos su sabiduría y deseamos incorporarlos en nuestra vida. Pero los olvidamos rápidamente, antes que los hallamos puesto en práctica lo suficientemente como para que se conviertan en un hábito en nosotros.

Confeccione su propia "lista de intenciones", inicie su día poniéndolas por escrito. No es necesario que lo haga de memoria.

Cuando haya incorporado una de sus intenciones de forma indeleble en su vida y ni siquiera tenga que pensar en ella, entonces no la incluya más en su lista y agregue una nueva.

El beneficio de hacer esto enriquecerá su vida.

CAPÍTULO 11

CÓMO COMPROMETERSE

En un pasaje bastante citado de *La expedición escocesa al Himalaya*, W. H. Murray habla del significado del sentido de compromiso. Una vez usted avanza hacia adelante mediante un esfuerzo consciente, se hace disponible toda clase de apoyo y respaldo tangible.

Antes que uno se comprometa, sólo hay vacilación. En el momento en el que uno se compromete, la providencia también lo hace. Ocurren toda clase de cosas para ayudarnos, cosas que de otro modo nunca ocurrirían. Se desata una cadena de eventos, de sucesos imprevistos, de ayuda material inesperada y de encuentros a nuestro favor, que ningún hombre hubiera podido prever que ocurrirían.

De usted depende si confía en la posibilidad que su sueño se haga realidad, y de dar el primer paso, a pesar que no tenga evidencia inicial alguna de hacer que suceda.

La historia de Bill

Mi buen amigo Bill estaba teniendo sueños recurrentes —no se trataba de pesadillas, pero a veces se despertaba en medio del sueño, o despertaba inquieto al día siguiente.

Se acercaba su reunión número 30 del Rensselaer Polytech Institute en Troy, Nueva York, y sus sueños eran respecto a la universidad.

"Ocasionalmente muchas personas tienen un sueño en
el que el tema es que no pueden encontrar la clase, o su
casillero, o en el que no recuerdan si hicieron la tarea. La
diferencia en mi caso es que empecé a tener esa clase de
sueños todo el tiempo".

Bill es del tipo de persona extrovertida, con mente in-
quisitiva e ingenio mordaz y el ambiente en la Rensselaer
Polytech, considerada una de las mejores universidades en
ingeniería del país, era justo el sitio perfecto para él.

Bill recuerda con cariño sus años de universidad: las
fiestas de fraternidad, la camaradería, la atmósfera escolar.
Se ríe cuando recuerda la vez en la que toda la comunidad
se reunió para celebrar la primera vez que el equipo no había perdido en cuatro años.

Bill quería asistir a la fiesta, para él era importante asistir pero al mismo tiempo no creía que fuera posible ya que
vivía en la costa oeste. El tiquete de avión sería costoso y
también tendría que alquilar un auto y conseguir hotel. A su
vez, los negocios de su esposa Dorothy estaban prosperando y tenían invertidas todas sus finanzas en él.

"El tema financiero estaba apretado y el tema del viaje
de visita al este parecía estar cancelado".

Bill consideraba que apoyar el negocio de Dorothy era
algo más prioritario que su deseo de asistir a la reunión.

Entonces empezaron los sueños.

"A pesar que había tenido una experiencia bastante positiva en la universidad, los sueños eran algo inquietantes.
Por ejemplo, era el día del examen final y yo no sabía dónde
era el salón de clase, y ni siquiera recordaba haber estudiado
o asistido a clases. Luego vino el sueño del casillero donde

tenía guardados los libros. Habían filas y filas de casilleros, y no lograba recordar cuál era el mío. Pero necesitaba encontrarlo porque toda la información estaba allí, incluyendo el libro donde decía el salón en que tenía el examen, pero no lograba recordarlo".

Bill también tenía sueños donde caminaba por diferentes vecindarios intentando encontrar la universidad, y la fraternidad estaba en la cima de una autopista elevada.

"La parte divertida era que el paisaje del sueño no tenía nada que ver con cómo es todo en la vida real. En la realidad, la fraternidad está localizada en la parte plana del campus. Pero la sensación en el sueño era que el lugar era inalcanzable o inaccesible".

Después, Bill tuvo sueños donde se celebraban fiestas en los pisos superiores del edificio de la fraternidad. Él escuchaba la fiesta, pero no podía encontrarla. Tenía problemas para poder llegar.

En todos los sueños había algo en común y era que veía salones cerrados y oscuros, también un hueco de escalera misterioso y una puerta grande y pesada. "Sentía algo críptico respecto a la puerta, como si fuera un misterio, un lugar clausurado".

Los sueños tenían que ver con pasajes secretos o con encontrar lugares, hasta el sueño del casillero, pero Bill no sabía qué significaban las metáforas de ninguno de sus sueños.

"Empecé a suponer que si tenía que encontrar el casillero, si no podía encontrar el salón de clases, la puerta cerrada y la escalera clausurada, todo ello tenía que ver con encontrar mi posición en la vida".

Bill volvió a leer nuevamente las cartas que el comité organizador del evento le había enviado y las pegó en su refrigerador con el imán rojo y blanco que decía "Tenga presente esta fecha". Luego recibió una llamada de su amigo Jeff, compañero de clase en la fraternidad. Jeff hacía parte del grupo que tenía que reunir a todos los de su clase.

Bill le dijo a Jeff que tenía todo el deseo de ir pero que desde el punto de vista financiero lo veía imposible. Jeff contestó: "Bien, piensa en ello, hasta entonces te anotaré como un 'pendiente'".

"Cuanto más lo pensaba, más deseaba asistir; pero más imposible me parecía".

"Continuaba diciéndome a mí mismo que debía hacerlo".

Escríbalo

Fue Dorothy quien le sugirió a Bill que pusiera por escrito su intención. Y así lo hizo. Una frase corta en una vieja agenda.

Esto es lo que deseo lograr: quiero ir a Rensselaer para mi reunión número 30.

"Lo escribí en mi agenda. Sí, tengo una agenda, la cual utilizo cada seis o siete años".

Bill se ríe.

"Soy bueno para utilizar agendas".

El tiempo para que Bill tomara una decisión final se acercaba. Y aunque no tenía el dinero, se llegó la fecha, y Bill le dijo a Jeff: "Sí, allí estaré. Voy a ir. Voy a hacerlo. Anótame como definitivo".

A continuación Bill envió el dinero para la cena.

"Así, me comprometí para asistir".

Bill suspira y sacude su cabeza, aunque parezca increíble dio el paso decisivo, sin siquiera saber cómo lo iba a lograr.

Lo que resultó

La fecha se acercaba cada vez más. Llegó el momento en el que tenía que comprar los tiquetes de avión. La reunión se celebraría a pocas semanas y Bill todavía se preguntaba cómo iba a pagar el tiquete de avión, el hotel y el alquiler del auto.

Mientras tanto Dorothy intentaba hallar una solución por todos los medios. Cierto día, estaba lamentándose por lo alta que había llegado la factura telefónica cuando alcanzó a notar algo al final de los costos de llamadas a larga distancia. Eran los puntos ganados por las llamadas, de modo que encontró la forma de combinar estos con las millas acumuladas por ser viajera frecuente.

Dorothy llamó a la aerolínea para confirmar el asunto. Entre los dos sistemas, tenían suficientes millas para obtener el tiquete.

Después de eso, las cosas empezaron a suceder con rapidez.

Cuando John, hermano de Bill quien vive en Nueva York, en Long Island, supo que Bill quería asistir a su reunión, le hizo disponible un automóvil que tenía sin utilizar.

Por coincidencia, John había acabado de comprar una camioneta, de otro modo hubiera necesitado su automóvil para ir a trabajar.

"Ahora podía volar a la ciudad de Nueva York y conducir hacia el norte, lo cual era mucho más fácil que intentar volar hasta un lugar pequeño, como lo es Troy".

Pero le aguardaban más sorpresas a Bill. Sus padres, quienes viven en Carolina del Norte, escucharon que iba a viajar. Le enviaron una carta con un cheque que decía: "Aquí tienes algo de dinero para tu viaje, ¡disfrútalo!".

"Yo no estaba esperando todo eso. Fue algo muy generoso de su parte, y como caído del cielo".

A continuación su compañero de universidad, Jeff, le dijo: "No te preocupes por un hotel; puedes quedarte conmigo".

Ahora Bill tenía todo lo que necesitaba.

La reunión

John fue a recoger a su hermano Bill al aeropuerto y así pudo visitar a su familia antes de dirigirse hacia el norte a la reunión de su universidad. Luego se encontró con Jeff y juntos fueron al edificio de la fraternidad.

Cuando estuvo en la ciudad, encontró la ruta al instante.

Reconocía a las personas, hasta a aquellos que al principio se veían bastante diferentes. A pesar de lo exterior, sus compañeros no habían cambiado mucho en su interior.

"Yo sé que la gente crece. Dorothy y yo hemos estado casados por veintisiete años. Nuestra relación ha crecido y hemos cambiado mucho. Sin embargo, lo que aprendí, al ver de nuevo a mis antiguos compañeros de clase, es que probablemente puedes crecer y cambiar, pero hay algo en tu personalidad que nunca cambia. Tu sentido del humor, o el no tenerlo. La forma como ves la vida en general, y la forma como interactúas con las personas —hay ciertas cosas básicas en las que no cambias. En cuanto a las personas que asistieron a la reunión, todos ellos básicamente eran la misma persona de algún modo fundamental. Su personalidad era la misma que había conocido 30 años atrás".

"Y ello te da un sentido de seguridad. Puedes verte a ti mismo y decir: 'Soy la misma persona, no soy alguien diferente'. Puedo ver a estas personas y decir, 'Sí, Jeff todavía es Jeff; Dave todavía es Dave'. Bien por ellos. Y yo puedo verme a mí mismo y decir, 'Yo, todavía soy yo'".

"Es bastante reafirmante saber que la gente no cambia. Eso nos enseña que hay algo dentro de cada uno de nosotros como individuos que es absolutamente nuestro".

¿Por qué escribir?

Bill compara la escritura de su meta con un artículo que leyó recientemente sobre los ingenieros que construyen puentes. El autor del artículo plantea esta pregunta: "¿Qué diferencia hay entre alguien que fantasea sobre algo y alguien que utiliza su imaginación?".

"La respuesta es, el sentido de compromiso. El ingeniero utiliza su imaginación para diseñar algo con la idea de hacerlo realidad. Cuando se fantasea, no existe el compromiso de crearlo. Cuando usted imagina algo con sentido de compromiso, logra hacerse realidad. La diferencia está en el compromiso. El haberlo puesto por escrito hizo que saliera del nivel de fantasía y lo elevara al nivel del compromiso".

"El asunto se transforma y se consolida cuando lo llevamos al papel. Escribir sobre un papel es un asunto físico. No todo el mundo escribe. Para mí escribir es un asunto inusual. Escribir es comprometerse".

La conclusión

Después de regresar de la reunión, Bill sintió que había cumplido con un tipo de obligación.

"Había ido y observado la realidad en contraposición a mi sueño. Me alegra haber ido. No hubo secretos que hubiera descubierto sobre mí o sobre alguna otra persona. Fue más bien una conclusión, y se esperaba que yo fuera".

Y luego de ir, no volvió a tener los sueños que le inquietaban.

• AHORA ES SU TURNO •

El primer paso del compromiso consiste en estar dispuesto a escribir lo que se quiere lograr. Luego, se debe dar algún paso hacia la realización del sueño, aún a pesar de que existan evidencias de todo lo contrario. Al final, no se sorprenda cuando se presente apoyo de fuentes inesperadas.

Es como Julia Cameron lo expresa: "Salte y la malla aparecerá".

CAPÍTULO 12

APILAMIENTO: DESPEJANDO LA OBSTRUCCIÓN

Usted puede tener más de una meta a la vez, y el éxito de una de ellas puede ser el fundamento del cumplimiento de la siguiente. Cuando usted conquista un temor o adquiere una habilidad, se presenta una recompensa adicional.

Con frecuencia obtienes dos por el precio de uno. Cuando usted crece en algún ámbito de su vida, aparece otra fortaleza en otro ámbito.

LA CASETA DE BATEADO DE MARC

Dado que empezó a cantar de forma tardía, mi amigo Marc, de quien hablo en el capítulo 2, sentía que tenía mucho de qué ponerse al día.

"Sentía temor todo el tiempo por lo que llegara a pasar. Lamentablemente, dejé de hacer otras cosas que disfrutaba, me puse manos a la obra y me dediqué a aprender canto. Pero no me fue muy bien al principio. Tenía el enfoque del lado izquierdo del cerebro, 'primero lo primero'. Al paso del tiempo, empecé a obtener resultados. No obstante, hacer las cosas de esa manera puede tener un costo".

Entonces se le ofreció un papel principal en un escenario principal. Marc estaba asombrado y asustado.

"Tuve una crisis antes de ir y hacer esa presentación. Esencialmente, estaba a punto de construir mi carrera. Estar en ese escenario podría darme un impulso, y eso me asustaba. Me asustaba. Me asustaba".

Marc decidió enfrentar la ansiedad de su presentación mediante enfrentar su temor a los deportes.

Para entender los antecedentes de cómo resolvió el problema y enfrentó la crisis, necesitamos entender que Marc, cuando era niño, no era bueno para el béisbol, y con frecuencia era el último al que escogían para jugar en los equipos de la escuela.

"Yo era un pésimo deportista. Era demasiado consciente de mí mismo. Cuando se repartían los equipos, a mí me escogían de último. Cierto año, escogieron a un niño que estaba enyesado antes que a mí".

Marc decidió enfrentar su viejo fantasma mediante una acción decisiva. Fue con unos amigos a una caseta de bateado con el fin de batear las pelotas.

Al final de la sesión, Marc sintió que su confianza había mejorado. Su presentimiento era el correcto, su experiencia positiva en la caseta de bateado se transfirió al canto.

La primera vez que estuvo en la caseta, en realidad golpeó la bola un par de veces, lo cual resultó ser una gran sorpresa para Marc. La tercera vez golpeó la bola en 12 ocasiones, en un total de 16 lanzamientos.

"La tercera vez en la caseta supe que podía cantar mejor".

Ahora Marc continuamente busca maneras de extender sus horizontes. Si va a un restaurante y el mesero le sugiere que pruebe sushi como aperitivo, está dispuesto a ordenar, esto a pesar que anteriormente temiera que pudiera resultarle desagradable.

"Esto lo hago cada vez más. Me reto a mí mismo a hacer cosas que no había hecho antes, y constantemente trato de salirme de mi zona de confort. Por ejemplo, pruebo cosas del menú que no había probado antes, simplemente por probar. Y dado que todo el tiempo estoy haciendo eso, sé que me estoy haciendo mejor como cantante, porque estoy siendo cada vez más determinado".

Superando las limitaciones de la niñez

Hacer algo que parece imposible con frecuencia tiene que ver con desafiar limitaciones de la niñez. Volvemos a la situación y desafiamos esas limitaciones y así reescribimos las reglas. Puede que al principio haya una inclinación de tener un desempeño pobre y la tendencia de darnos a nosotros mismos una palmadita en la espalda por haberlo intentado.

Mi amiga Carol Keeffe suele decir con agrado: "Cualquier cosa que valga la pena hacerla, vale la pena hacerla. Punto".

Janine utilizó en alguna ocasión una expresión para referirse a que algo estaba atascado en su cabeza a pesar que no sabía que estaba en su cabeza. Ella se refería a la forma subliminal como suceden las cosas cuando las escribimos y luego las olvidamos. Existe un lado oculto en el fenómeno. Frases negativas como "No puedo hacerlo"; "Se van a burlar de mí"; "Déjame ayudarte" (a pesar que lo digan con bondad, sólo implica que lo estás haciendo mal); y "No va a funcionar", se arraigan profundamente en nuestra psiquis y ni siquiera nos damos cuenta que están ahí.

Pero ahora que hemos crecido, podemos rectificar el registro.

Todos tenemos nuestras piedras de tropiezo; lo que es fácil para una persona, puede resultar una tarea formidable para otra.

El Halloween pasado, tallé una calabaza por primera vez en mi vida. Antes de eso, solía pensar que las demás personas podían tallar una calabaza mejor que yo, de modo que dejaba que otros lo hicieran. O si lo intentaba y hacía desorden, o si tan sólo lo dudaba, aparecía alguien y decía: "Déjame hacerlo a mí", y tomaba el cuchillo de mis manos.

En Halloween, mis hijos James y Peter me invitaron a compartir con ellos. Habían comprado las calabazas, extendieron los periódicos e insistieron: "Toma el cuchillo, hazlo tú misma".

Al principio me sentí intimidada. Sabía que no tendría tanta inventiva como ellos, porque ellos son maravillosamente inteligentes. Pero de todos modos lo hice. Tallé uno chino en honor a *Turandot*. No era el mejor, pero yo lo había hecho. Fue algo liberador y divertido.

La felicidad que experimenté, y el sentido de logro, se extendieron al día siguiente. Todo el tiempo sonreía y pensaba en el asunto.

Ahora utilizo este logro como metáfora para otras áreas de mi vida. Janine me dio un afiche de una niña pequeña labrando una calabaza enorme, con una gran sonrisa en su rostro —y en el rostro de la calabaza; de modo que pegué en mi nevera el afiche con un imán. Hace poco me sentí abrumada porque tuve que hacer un trasteo grande, de modo que miraba el afiche en el refrigerador y ello me daba fuerzas para emprender la tarea y empacar las cajas, y para descartar asuntos olvidados en los closets, el ático con papeles acumulados y el garaje lleno de herramientas para el auto y para el jardín.

La foto me decía: "Puedes hacerlo (¡y es divertido!)".

Transfiriendo el éxito

Mi amigo Bob McChesney llama a esto "apilamiento". El éxito alcanzado en un ámbito se convierte en la plataforma de lanzamiento para lograr el éxito en otros ámbitos.

Aprender a utilizar los computadores en la época que eran una novedad, me ayudó mucho en mi escritura. Hubo quienes dijeron: "No lo vas a lograr, eres demasiado dextro-hemisférica".

Cuando lo miro en retrospectiva, recuerdo con aprecio lo útiles que resultaron las palabras de mi amigo Bill Harrison.

Cuando no conseguía que el computador hiciera lo que yo necesitaba, Bill solía preguntar: "¿Qué crees que le dijiste al computador que hiciera?". Bill explicaba que cuando algo salía "mal", para el computador era lo "correcto". Después escuché la descripción de esta idea con un enfoque gracioso: "identificación enfática", es decir, convertirse en uno solo con la máquina que está intentando dominar, meterse dentro de su "cabeza". Es un secreto que muchas personas con inclinaciones mecánicas utilizan para resolver problemas de funcionamiento.

El punto es que aprendí a utilizar los computadores, y eso me hizo convertirme en una mejor escritora. No sólo por el hecho de que ahora puedo utilizar un diccionario de sinónimos o porque el procesamiento de palabras permite borrar las palabras de forma rápida y desplazarse por el documento sea más fácil, sino porque la confianza que adquirí respecto a mi propia habilidad para pensar significó una transferencia lateral a mi trabajo creativo. Aprendí a pensar con ideas más lógicas y organizadas.

Acuñando una metáfora

Aquí hay otra historia de apilamiento que ha dado colorido a toda una vida. Una amiga mía que es bastante exitosa, con frecuencia asume nuevos desafíos con confianza. En una ocasión le pregunté cómo hacía para demostrar tanta confianza. Edna me contó que eso tenía que ver con algo que había sucedido cuando era niña. Ella había visto por televisión a un artista utilizar un uniciclo y ella pensó que llegar a hacer lo mismo sería algo bastante agradable. Le parecía espléndido el equilibrio, la gracia, la libertad y la informalidad —sin barras, y sin manubrios para conducir, ningún tipo de restricciones. El artista del uniciclo se veía tan feliz, tan natural y hasta orgulloso, que hacía ver fácil la maniobra.

Edna alquiló un uniciclo en una tienda cerca de Alki Point. Allí es donde lo logró conseguir, pero montarlo no era tan fácil como parecía. Mantenía cayéndose.

Edna alquiló por más tiempo el uniciclo y empezó a mejorar en su uso poco a poco. Logró dominarlo lo suficiente como para convencer a sus padres de comprarle su propio uniciclo como regalo de cumpleaños. Ahora podía practicar tanto como quisiera.

Al poco tiempo Edna logró utilizar su uniciclo tan diestramente como el hombre al que había visto en la televisión. Lo utilizaba para ir a la biblioteca o para ir a la tienda y traer algún recado (utilizaba un morral para traer en su espalda los artículos), o para visitar a sus compañeras de estudio después de las clases. Utilizarlo era tan natural como caminar, sólo que más rápido y más divertido. A Edna le gustaba sentir el aire fresco en su cabello a medida que pedaleaba. Le encantaba ver la sonrisa de los transeúntes y la admiración de los niños cuando pasaba. Le gustaba la maniobrabilidad y la forma como podía desplazarse con facilidad.

Pero sobre todo, se sentía feliz de hacer algo que no sabía que podía hacer. Aquello se convirtió en algo emblemático respecto a sus habilidades y capacidades.

Años más tarde, cuando Edna comenzó a estudiar francés, empezó a experimentar algunos problemas con el idioma, su madre decía: "¡Una jovencita que pudo aprender a montar en un uniciclo puede también aprender a hablar francés!". De modo que perseveró y al poco tiempo le iba tan bien que su maestra le pidió que ayudara a otros de su clase.

Luego, Edna quiso conseguir un papel para la obra de la primavera. De modo que el refrán se hizo popular, '¡Una jovencita que pudo aprender a montar en un uniciclo puede también conseguir un papel como ese, puede también..., y también..., y también..., —lo que sea!".

Ahora Edna se ríe cuando lo recuerda. Los triunfos significativos que se han basado en ese logro de su niñez se han multiplicado, y estos a su vez han sido reemplazados muchas veces con otros desafíos. Pero Edna recuerda siempre su mantra.

Por supuesto, ha habido ocasiones en las que ha intentado algo y no ha resultado, pero Edna no le presta mucha atención a ello. Alguien que puede montar un uniciclo sabe que tiene otras opciones.

El hombre en la luna

¿Qué tiene que ver el llevar al hombre a la luna con la lucha contra la pobreza global? Algunos dirían que esta es una 'analogía falsa'; es decir, comparar dos actividades que son similares en lo trivial pero disimiles en sus aspectos significativos. Pues bien, el asunto es que como país, una y otra vez, se nos ha estimulado a hacer otras cosas grandiosas porque "un paso pequeño para el hombre, puede ser un paso gigante para la humanidad".

"Un país que pudo poner al hombre en la luna podría...", y entonces de forma colectiva podríamos hallar la forma de lograrlo.

No importa cuán débil pueda parecer la relación. ¿Qué conexión puede tener montar un uniciclo con hablar francés de forma fluida? ¿Qué relación puede haber entre estar en la caseta de bateado con cantar bien?

Ninguna.

O, conexión total.

Esa misma conexión misteriosa sucede cuando usted comienza a escribir y luego observa lo que sucede. La sincronicidad integra todas las áreas de su vida. Pronto los milagros empiezan a ocurrir y resulta difícil intentar llevar un registro de estos.

• AHORA ES SU TURNO •

Escriba una lista de los logros en su vida de los cuales usted se sienta especialmente orgulloso. Puede que se trate de algo que usted hizo la semana pasada o algo que haya hecho hace muchos años cuando era niño. ¿Ganó un concurso de colorear? ¿Nadó a lo largo de la piscina? ¿Obtuvo un ascenso?

Utilice la lista y escoja su propia caseta de bateado. Escoja una que resuene en su memoria.

O puede proponerse hoy mismo dominar algún temor de la niñez: tallar una calabaza, aprender a batear, tomar lecciones de patinaje. Convierta ello en su mantra: alguien que pudo hacer eso, puede hacer cualquier cosa.

Si usted ya escribió una meta e hizo que sucediera, escriba otra más ambiciosa, tal vez en otro ámbito de su vida. Si usted está atascado para alcanzar algún logro, como lo estuvo Marc, intente tener otro logro en un área totalmente diferente de su vida; eso hará que su confianza se incremente.

Es posible que consiga dos —o más— por el precio de uno.

CAPÍTULO 13

CÓMO Y CUÁNDO INICIAR UN GRUPO

S i usted en verdad ha tomado en serio el asunto de lograr lo que se ha propuesto en la vida, determínese a conocer de forma sistemática a personas que tengan los mismos objetivos suyos.

Esto sin duda incrementará su progreso, y también le ayudará a evaluarlo. El fijar fechas límites puede acrecentar su motivación y puede impulsarle hacia la consecución de sus objetivos.

El grupo de personas mencionado puede hacer que salgan a relucir sus mejores habilidades y ayudarle a mantener en mira sus objetivos en los momentos en los que su propia visión se vea opacada.

El Grupo Seymour

Durante varios años, me he beneficiado inmensamente de pertenecer al Grupo Seymour, el cual se reúne todas las semanas los viernes en la mañana en el Vivace o en otro lugar.

Nos reunimos a las 8:00 a.m. Los miembros del grupo siempre asisten de forma puntual: llegan a tiempo y están listos para informar sobre las tareas de la semana (o puede que tal vez no).

Los miembros del grupo son muy estrictos en cuanto a mantener las reuniones enfocadas estrictamente en los temas a tratar, mostrando consideración por el tiempo de los demás, y rara vez, si acaso alguna, traen a colación temas de índole personal. Bien, lo intentamos; y el punto es que un grupo como ese puede convertirse en cualquier cosa que uno desee, lo que sea, con miras a sacar a relucir lo mejor de cada uno de sus miembros.

Si usted forma un grupo como el nuestro, lo más deseable es que se reúnan todas las semanas a la misma hora y se permita que cada persona intervenga durante 15 minutos para que informe sobre sus metas, tiempo durante el cual nadie más interrumpe. Se puede utilizar un temporizador para ese fin, de modo que se asegure que nadie se extiende más tiempo del necesario. Luego de que cada miembro haya tenido sus 15 minutos, se puede hacer un resumen de la semana y una proyección de la semana por venir en un total de otros 10 minutos, y de nuevo se puede utilizar un temporizador para hacer que todos se mantengan concentrados.

Y de nuevo, puede que tal vez no.

De cualquier modo, sea que ustedes se atengan a las reglas que fijen o si desean establecer nuevas reglas a lo largo del camino, lo importante es que celebren reuniones regulares para establecer metas sobre lo esencial, paso a paso, para hacer que estas se conviertan en realidad.

El secreto

Para mí, el mejor grupo para trabajar es mi Grupo Seymour, pero admito que a veces somos un grupo no tan convencional.

La primera convención que hemos violado es que los grupos de este tipo deben ser organizados comúnmente de entre cuatro a ocho miembros. El secreto es (por favor no se lo digan a nadie) que sólo somos dos en el grupo; mi amiga Janine y yo. A ambas nos gusta que sea así. De esa forma, si alguna de las dos está retrasada, o no puede presentarse (lo que ha sucedido), sólo una persona es incomodada, y la otra persona es comprensiva y condescendiente, porque quizás ella misma también llegó tarde o no logró presentarse anteriormente. Tenemos mucha paciencia entre nosotras y permitimos que surjan toda clase de temas que quizás pudieran no haber estado incluidos en la agenda. Así funciona en nuestro caso. Nos las hemos arreglado para combinar el trabajo duro con la diversión.

Janine y yo llamamos a nuestras reuniones "Grupo", para que nadie sepa que nuestro club sólo cuenta con dos miembros, y lo hemos llamado El Grupo Seymour, para que suene importante como si se tratara de un grupo de inversionistas. Y por supuesto que es un grupo de inversionistas, pero las acciones están dentro de nosotras mismas y los dividendos que se pagan son muy superiores en comparación con los dividendos que pagan la mayoría de los fondos de inversiones.

El arte de los deseos

Sinceramente creo que Barbara Sher estaría encantada de participar en nuestro grupo independiente, aunque fue ella misma quien creó la mayoría de las normas que violamos cada semana (o cada dos semanas, dependiendo de cuándo nos reunimos). Barbara Sher escribió un libro maravilloso llamado *Wishcraft*, y yo tomé un curso bastante motivante con ella, hace años. Bárbara recomienda reunirse en un horario consistente, en lo que ella llama "equipos de éxito", en los que sus miembros se apoyan para hacer realidad sus sueños. En los años que han pasado desde que tomé el curso con ella, he formado varios "equipos de éxito", y todos estos han contribuido a mi vida y estoy muy agradecida con ellos.

Ahora bien, sin importar la conformación de estos grupos, hay dos premisas subyacentes que deben prevalecer:

1. Si usted se encuentra avanzando en la dirección correcta, todo lo que necesita hacer es seguir caminando.

2. Es provechoso tener a otras personas que crean en usted y que avancen la ruta junto a usted, dando sugerencias y animándole.

El procedimiento es simple. Cada semana, en un cuaderno pequeño, escriba las minimetas a alcanzar, es decir, la pequeña pieza del rompecabezas que eventualmente le llevará a armar la figura completa: "Durante la próxima semana yo...".

A continuación, copie los compromisos de las otras personas del grupo. Lo anterior compromete a todos los miembros del grupo a la acción, lo que también le incluye a usted.

¿Qué proponerse? ¿Para cuándo?

En mi parecer, las dos preguntas más importantes que se puede plantear una persona que sea seria respecto a su proyecto son:

1. ¿Cuál es el siguiente paso que voy a dar?

2. ¿Para cuándo voy a dar ese paso?

Y el otro ingrediente importante es el principio de "regresar e informar".

Con frecuencia utilizo esta fórmula para estimular a quienes no hacen parte del Grupo Seymour como una inducción hacia la acción, "una oportunidad única". Y con frecuencia agrego: "Llámeme cuando lo haya hecho". Y esa, como dice Sher, debe ser una llamada exclusivamente para tratar temas del asunto en cuestión. Si usted desea conversar de otras cosas cuelgue y llame de nuevo.

Hace poco estaba hablando con una mujer joven que estaba lista para llevar a cabo su meta. Ella tenía claro cuál iba a ser su próximo paso, sin embargo, le sorprendí con la pregunta:

"Muy bien, ¿cuándo vas a hacer eso?".

Entonces ella contestó con gran entusiasmo y confianza, "¡Pronto!"

A pesar que ella se mostró muy orgullosa de sí misma, yo le sorprendí con la pregunta:

"Pronto no es una respuesta. ¿Para *cuándo* lo harás?".

Entonces ella se mostró aún más vacilante.

"¿El domingo? Sí, creo que para el domingo ya lo habré hecho".

"De acuerdo, ¿vas a llamarme el domingo para dejarme un mensaje en mi máquina contestadora diciendo que ya lo hiciste?"

Ella asintió y así lo hizo.

El "regresar e informar" se hace por acuerdo, y tal como ocurre con las reuniones regulares, debe ser un arreglo cíclico. A continuación, el siguiente paso después de informar, debe ser el de fijar una nueva meta y establecer compromisos con cada miembro del grupo respecto al plazo de cumplimiento de esa nueva micrometa.

"Muy bien, ya solicitaste el catálogo. Entonces para la próxima semana vas al encargado de admisiones y vas a pedir un formulario de matrícula".

"Felicitaciones. Ya conseguiste la guitarra clásica que tanto deseabas. ¿Cuántas horas invertirás la próxima semana en lecciones de aprendizaje?"

Mantenga la vista fija en la dona

Conozco a un padre primerizo que escribió una carta a su hijo recién nacido. "Aunque todos los demás en el mundo no lo hagan, yo seré tu soporte".

El grupo con el que usted se reúne debe ofrecer esa clase de apoyo incondicional. En un grupo de metas no hay lugar para demostrar un tipo de amor estricto o de ultimátum. Un grupo de apoyo es un grupo de amigos en donde se sustentan los unos a los otros a través de refuerzos positivos.

En mi caso, Janine es un buen ejemplo de esto. Ella es tranquila, comprensiva y maternal. A mí me gusta eso. Ella aplaude hasta mis primeros pasos de bebé.

Cuando ocurre que parezco no estar logrando nada, Janine dice con prontitud, "Mira lo que has estado haciendo. Parece que no alcanzaste las metas A, B y C —bien, ponlas en la lista para la semana que viene. Pero de todos modos date créditos porque hiciste D, E y F. Buen trabajo".

Mi querido padre me enseñó una lección que a veces olvido. Es un estribillo que resume su filosofía de la vida:

A medida que transites por el camino de la vida, amigo mío,

Sin importar cuál sea tu meta,

Mantén fija la vista en la dona,

¡Y no en el orificio del centro!

Los buenos grupos se concentran en los logros y no en lo que no se ha logrado. Así se logra ver cómo todo va encajando. Un paso después del otro. Así, los pasos inseguros del bebé se tornan en un caminar firme.

¡Escuchen esto! Ya imprimí las hojas de vida y las envié a los correos respectivos; el ático está limpio; la casa ya está lista para ponerla en venta; ya ordené las carpetas apropiadamente; ya hice la llamada telefónica que tanto temía y resultó exitosa.

"La próxima semana yo haré...".

Semana a semana, paso a paso. Se empezó el nuevo negocio, se hizo el viaje, se aprendió el idioma extranjero. Los pasos se aceleran cuando cruzamos triunfantes la línea de meta, y sin vacilar, fijamos nuestro próximo desafío.

Enfrentando el desafío

Cuando yo digo que Janine es tranquila, no quiero decir que ella es 'indulgente'. Janine es muy exigente conmigo, y yo por mi parte, también fijo expectativas altas para ella. Usted puede hacer lo mismo con su grupo.

En el Grupo Seymour sus miembros se retan entre sí a dar lo mejor, a alcanzar logros mayores. Con frecuencia yo establezco metas para Janine que ella considera que son imposibles de alcanzar en el tiempo estipulado, y ella por su parte, me estimula a hacer lo imposible mediante su frasecita famosa que pronuncia con tono de maestra de escuela y con cejas levantadas en tono maternal, ascendente y descendente cuando dice: "Tú puedes hacerlo".

La impresión que me causa todo esto es bastante fuerte: existe otra persona que tiene confianza en mí; ¿por qué no pudiera yo demostrar esa misma confianza?

Vamos de regreso

Cuanto más tiempo se reúna un grupo, mejores resultados se pueden obtener. Los miembros del grupo pueden recordarse mutuamente sus logros pasados para establecer triunfos futuros.

Hace dos años, Janine y yo participamos en el "Concurso de escritura de novela de tres días" que mencioné anteriormente y de lo cual hablo en mi libro *Put Your Heart on Paper*. Con frecuencia nos referimos a ello para reforzar nuestras resoluciones respectivas.

"Una mujer que pudo escribir una novela en tres días también puede...".

El siguiente paso es subdividir las grandes tareas en pequeñas asignaturas que sean manejables.

Janine quería participar en la competencia ciclística anual de las 200 millas de Seattle a Portland (S-T-P).

Una mujer que pudo escribir una novela en tres días puede hacer eso.

Todo lo que ella necesitaba hacer era dividir su entrenamiento en partes manejables y ejecutar cada parte, una pieza a la vez.

Janine sabía que había una ruta cerca a su casa, ir a Seward Park y regresar, en un recorrido de 10 millas.

Yo puse el reto ante ella de pedalear por esa ruta siete veces contando a partir desde la reunión que estábamos sosteniendo ese día y la siguiente.

"Cinco veces es razonable; cualquier cosa adicional sería un bono extra".

"Está bien. Cincuenta millas para la próxima semana —pero esfuérzate por lograr setenta".

Ella escribió:

Cincuenta millas en bicicleta, diez mil millas a la vez, para la próxima semana.

"Así me gusta. Hacerlo en porciones pequeñas hace que sea posible".

Las cosas toman tiempo

Janine y yo nos hemos reunido regularmente durante al menos tres años. Yo he llenado al menos cuatro o cinco cuadernos, incluyendo uno pequeño y dorado de Florencia. (Una de mis grandes metas, dividida en metas pequeñas fue

"Encontrarme con Emily en Italia".) Cuando leí las viñetas semanales en esos cuadernos me di cuenta cuánto le ha ayudado a Janine comprometerse con sentido de responsabilidad para alcanzar sus metas como terminar y enviar a publicación su novela histórica, recorrer en bicicleta las 200 millas de S-T-P, planear una escapada romántica con su esposo, proponer y obtener un patrocinio en el distrito escolar para un programa sobre acoso, participar en un concurso nacional de fotografía, y conseguir una donación de parte de un millonario para la publicación de un libro biográfico para sus estudiantes de último grado.

En cuanto a mí, puedo decir que el Grupo Seymour me llevó de vuelta a Grecia, me estimuló a ganar una batalla judicial, me guió para contratar personal administrativo, y me ayudó en la propuesta para escribir este libro, historia por historia, capítulo por capítulo: escribir un capítulo, editar tres; hacer corrección de estilo; diseñar la tabla de contenido, realizar cambios, ingresar el contenido; escribir información nueva, paso a paso y... aquí está —este libro es en sí mismo un tributo al Grupo Seymour.

Estos cuadernos de anotaciones son un tesoro valioso para mí. Me muestran los pasos que he dado para estar donde estoy, un paso a la vez, paso a paso. Me recuerdan, como lo suele expresar mi amigo John Garner: "Las cosas toman tiempo". Suministran un registro tangible del esfuerzo persistente que nace con el primer soplo de inspiración. Mirando atrás a las listas chequeadas, logro entender cómo hemos llegado hasta este punto, las victorias obtenidas a lo largo del camino, los bloques de construcción puestos en su lugar.

Y dado que Janine y yo nos hemos divertido tanto, no parece como si todos los proyectos hubiesen sido trabajo —pero luego, cuando miro el camino recorrido, me asombro de lo que hemos logrado gracias a las reuniones que hemos celebrado durante este tiempo.

La consecución del logro es algo que se presenta rápidamente. La clave es mantenerse haciendo algo —*cualquier cosa* que nos impulse hacia delante, y que mantenga fresco el sueño en el sistema de activación reticular, de modo que uno pueda mantenerse sintonizado con las señales y logre recolectar evidencia. Y sépalo muy bien, antes que usted se dé cuenta de ello estará disfrutando de un café en París, o recibiendo pedidos en su nuevo negocio. Estará tan ocupado, que probablemente olvide que hubo un tiempo en el que llegó a pensar que el sueño era imposible.

• AHORA ES SU TURNO •

Lea a Barbara Sher con su obra *Wishcraft*. Forme un grupo de metas que refleje su mejor estilo. No existe una manera correcta o incorrecta de hacerlo. Aplauda los logros de los demás a medida que usted da los pasos que eventualmente le llevarán a la consecución de sus sueños. Todas las semanas pregúntense entre sí: "¿Qué vas a hacer antes de la próxima reunión para avanzar en tu meta?" Escríbanlo y luego, "regresen e infórmelo" la siguiente semana. Antes de siquiera darse cuenta de ello, las primeras metas serán historia y usted estará fijando otras nuevas. Usted habrá escalado las montañas que imaginó y estará alcanzando alturas que nunca pensó que fueran posible.

Créame.

Usted lo puede lograr.

CAPÍTULO 14

TOME LA INICIATIVA

A mis hijos siempre les encantó la historia de *Dumbo, el elefante volador.* Me suplicaban que se las leyera una y otra vez.

Posiblemente usted recuerde la trama: todo el mundo se mofaba del elefante con orejas grandes hasta cuando se hizo amigo de un ratón que le dio una pluma mágica. Con esta pluma, Dumbo pudo volar.

Cuando volaba asombraba a las muchedumbres. Quienes lo ridiculizaban antes ahora lo aplaudían —se sentía confiado y libre— hasta *cuando dejó caer la pluma.* De inmediato, Dumbo se precipitó en las alturas e iba directo a un impacto, pero el ratón que lo acompañaba, le gritó al oído: "¡Dumbo! No es la pluma —eres tú. ¡Tú eres el que sabe cómo volar!".

Al oír eso, Dumbo recobró el curso y logró continuar el vuelo —de su propia cuenta.

Cuando usted escribe sus aspiraciones, es cierto que con frecuencia viene ayuda de fuentes inesperadas. Sin embargo, si usted está atascado en una meta, no pierda de vista el imperativo contenido en el título de este libro: *Escríbalo (usted); hágalo realidad (usted).* No se trata de tener alguna pluma mágica, se trata de usted.

Para que su sueño se haga realidad, es usted quien necesita tomar la iniciativa.

La historia de Mariana

Cierto día de otoño el teléfono de mi oficina estaba timbrando. Estaba llamando una mujer de Wells, Nevada (con una población de unos 1.000 habitantes). Su nombre era Mariana. Ella había leído *Put Your Heart on Paper* (tres veces, me lo dijo), y quería saber si había alguna oportunidad de que yo viajara a Wells para conducir un taller. Cuando empezamos a hablar se sentía como si nos hubiéramos conocido durante años. Al poco tiempo, Mariana empezó a contarme una historia sobresaliente acerca de un sueño imposible que se hizo realidad, un sueño que ella había escrito antes que sucediera.

Mariana y su esposo son granjeros. Viven en una zona tan apartada que su dirección se encuentra mediante la numeración de kilómetros. En Wells sólo hay una tienda de víveres; de hecho, el único lugar para ir de compras en la ciudad es esta tienda, la cual también es una farmacia. Para comprar algún artículo que no se encuentre en la tienda, se debe conducir hasta Twin Falls, a dos horas de distancia, o hasta Elko, a una hora más de camino.

Con una voz fuerte y a la vez cariñosa, Marian me contó un poco sobre los antecedentes.

"Tienes que conocer nuestra historia; mi esposo y yo nos sentimos como si hubiésemos estado con niños de preescolar toda nuestra vida. Nosotros tenemos ocho hijos, pero después adoptamos a otros dos. Nuestros últimos tres hijos estudiaron su escuela en casa".

Ahora bien, cuando Mariana habla de preescolares en casa, no se refiere únicamente a sus hijos. Esa expresión cariñosa se refiere también al sentido de responsabilidad que ella y su esposo han tenido al cuidar de sus padres envejecidos.

La madre de Mariana tiene Alzheimer, así que ella sabe por experiencia la tristeza, el desamparo —y hasta la frustración y el resentimiento— que se derivan de cuidar a un ser querido, que alguna vez fue activo y autosuficiente, pero que ahora experimenta demencia senil y que necesita cuidados más allá de lo que alguien puede proporcionar.

Mariana entiende muy bien la necesidad que enfrentan muchas familias para cuidar de los padres mayores.

"Cuidar de los padres mayores es limitante. No es que la gente no quiera hacerlo. Muchos con frecuencia se precipitan a emitir ese juicio equivocado. Quienes lo hacen no entienden lo difícil que puede ser a veces cuidar de una persona mayor o siquiera estar cerca de ella".

"Hasta el hijo o la hija más amorosos llegan a temer que no puedan tener independencia de nuevo, o salir de viaje, porque han de estar pendientes de sus padres todo el tiempo".

"Yo conozco muy bien lo que se siente. Sé lo difícil que es hacerse cargo de una persona todo el tiempo. Pero también sé lo terrible que se sentiría el no estar cumpliendo con ese deber, ya que uno es lo suficientemente egoísta para querer tener una vida independiente y disfrutar de libertad".

Mariana escribió sobre esa dicotomía en su agenda:

Mamá se cayó esta mañana. Escuchamos el golpe seco a través del monitor que hay instalado al lado de su cama. No sé cómo hacer para que ella esté más segura. Se ve tan débil y enferma. Pero a la vez es tan terca y exigente. A veces manifiesta amabilidad y agradecimiento. Debo aprender a olvidar los malos momentos y a atesorar y recordar los buenos.

¿Cómo hacen otras familias para cuidar de los padres mayores? Muchos no pueden abandonar su trabajo y su vida personal para cuidar de un padre envejecido. ¿A

dónde se puede acudir por ayuda? ¿Quién puede ayu-darnos?

Buscando un lugar

Durante el tiempo en el que Mariana tuvo que llevar repetidas veces a su madre al hospital, donde finalmente se le diagnosticó la enfermedad de Alzheimer, y mientras permanecía horas interminables en las salas de espera, Mariana escribió sobre su sueño de tener un lugar que pudiera proveer para su madre, "un lugar para las familias". En algún momento, Mariana fue con sus hermanas a Salt Lake City para averiguar por lugares donde cuidaban a personas mayores, según les habían recomendado.

Jane y Ann piensan que es el momento de llevar a mi madre a un hogar para ancianos. Yo no estoy muy segura de eso, pero también he averiguado. Existen dos posibilidades con el City Care Center y el Upland Cove, pero me parece que a estos sitios les hace falta bastante. Ambas instituciones tienen instalaciones grandes, pero se ven y huelen a hospitales de caridad. El personal es amigable y de primera impresión parecen cuidar de las personas mayores. Pero hay tantos pacientes que el asunto se vuelve impersonal. Hay pasillos largos y fríos, hay demasiadas sillas de ruedas, y se siente la terrible sensación (¿seré yo la única persona con esa sensación?) de esperar lo inevitable —la muerte.

En varios lugares de su diario Mariana se cuestiona su propia situación y lugar en el mundo diciendo: "¿Ahora qué? ¿Cuál es el propósito de mi vida? ¿Qué se supone que deba estar haciendo en este punto de mi vida?".

Mariana describe su apuro de la siguiente forma pintoresca:

"Tenía el fuerte sentimiento de que me encontraba ante caminos cruzados. Lo escribí tantas veces en mi agenda.

Me sentía atascada, esperando en el camino, con una mochila a mis espaldas, esperando instrucciones de dónde debía ir".

Mariana continuó registrando en el papel su sueño de tener un hogar donde las familias pudieran encontrar ayuda, un lugar donde las personas pudieran saber que a sus padres se les cuida bien. No una institución, no un ancianato, sino un lugar donde hubiese gente bondadosa y calificada, donde se pudiera socializar con las personas mayores, hablar con ellos, escuchar sus historias —y al mismo tiempo, proveer el cuidado físico necesario.

Mariana entonces se sonrío y dijo: "De modo que de allí surgió la idea de que *alguien* tenía que hacer algo, pero nunca pensé que esa persona fuera a ser yo".

Poco se dio cuenta Mariana que la dirección personal que buscaba estaba en sincronía con su necesidad de aliviar la situación de su madre.

Todo apuntaba hacia ella

El primer indicio para hacer realidad este sueño fue una conversación que Mariana tuvo con su yerno. Mariana habría de tomar la iniciativa por sí misma. Como venido del cielo, y sin saber de sus anhelos, o de lo que había escrito, su yerno le dijo a Mariana cierto día: "¿Alguna vez has pensado en construir una residencia para ancianos?".

Un amigo de su yerno había estado en contacto con una compañía llamada *Bee Hive Development* (nombre que traducido del inglés significa *Construcción de colmenas*), un grupo empresarial nuevo que construía hogares pequeños y familiares para adultos mayores en el país. Su idea surgió de la misma necesidad que tenía Mariana —los dos socios tenían familiares que necesitaban este tipo de ayuda.

Mariana hizo una primera llamada telefónica, luego otra y después otra más. Tuvo que hacer unas doce llamadas para localizar a los socios. A continuación las cosas empezaron a ocurrir.

"Antes que terminara esa semana nos habíamos reunido con el presidente de la compañía y habíamos hablado del tema. Me encantó el concepto que ellos expresaron que nunca construían una casa demasiado grande y que sus construcciones eran para cuidar un número máximo de nueve residentes. A pesar que construir una casa para 18 personas resultaría en mayor economía en los gastos por persona, ellos se comprometían a construir casas para ocho o nueve personas, sin agrandar las instalaciones, para que el concepto se mantuviera familiar. Nueve personas, todavía son como una familia".

"Empezamos a hablar sobre la posibilidad de construir la casa en Nevada".

Mariana todavía estaba un poco renuente, deseaba que alguien más construyera la casa. Ella no tenía conocimientos sobre arquitectos, permisos de construcción, y el asunto mismo de administrar una casa. Implicó que ella se armara de valor. Todos los días tuvo que aprender nuevas cosas y sacar a relucir nuevas habilidades; tratar con contratistas difíciles y con funcionarios burocráticos del gobierno, cumplir con un enorme arrume de leyes y regulaciones que exigía el Estado, y a la vez defenderse de los escépticos y pesimistas que le decían que el pueblo no tenía una base poblacional suficientemente grande para emprender semejante proyecto.

Pero no había opción; todo apuntaba hacia Mariana para que se encargara del trabajo.

"Parece como si algo hubiera asumido el control. No encontrábamos muchas opciones cuando las buscábamos en las comunidades de mayor tamaño, de modo que decidimos regresar aquí".

Seis meses después de haber conversado con su yerno, Mariana abrió las puertas de la primera casa para residentes. Mariana dice con orgullo: "Es un edificio hermoso, completamente nuevo y construido para este fin. Me encanta la decoración, de modo que lo he decorado hermosamente con colores y cuadros. Cada alcoba está decorada de forma diferente. Pero lo más agradable de todo es que el edificio en sí mismo es muy acogedor".

Parece que en este 'hogar colmena' suceden algunos milagros. Llegó cierto hombre que tenía la reputación de ser una persona difícil. Había sido alcohólico y era descuidado con sus palabras. En todo momento respondía con dureza ante la bondad que se le mostraba. Sin embargo, sorprendentemente, luego de dos semanas, le dijo a Mariana: "Te lo suplico, no me abandones".

También, se recibió a una mujer que se quejaba por todo. Se apoderaba del control remoto del TV y hacía lo que quería.

"Pero ahora", dice Mariana, "ella se ha suavizado. Su hijo nos dijo que nunca había conocido esa faceta de ella. No estoy diciendo que haya cambiado por completo, en ocasiones todavía es muy áspera, pero en general es mucho más considerada".

Rescatando y preservando tesoros nacionales

Cuando Mariana compara a los padres envejecidos con preescolares, lo hace con una actitud cariñosa que permite entender y apreciar la torpeza y la distracción de las personas mayores, lo que le ayuda a estar preparada para sus acciones y a veces expresiones que en ocasiones pueden resultar hasta jocosas. No se exige que los preescolares hagan todo bien, ni siquiera que se alimenten de la forma correcta. A veces hacen cosas embarazosas en público, ruido y desorden, y eso no es problema. Mariana sugiere abordar la forma como se comportan las personas mayores de la misma manera que se hace con los niños menores, con paciencia y con alegría.

Para ilustrarlo, Maríana cuenta la historia de su propia madre, a quien describe como elegante e imperiosa:

"Mi madre es alta, se viste con elegancia y actualmente sufre de demencia total. Sin embargo, hay momentos en que está bien. En el hogar hay una persona que prepara las comidas de día y al atardecer hay otra persona que sirve la cena principal. Mi madre vino un día y se sentó en la mesa del comedor y mirando alrededor dijo: 'Bien, ellos ya lo investigaron todo".

"Virginia, otra residente que es incisiva, dijo: '¿Qué quieres decir con eso, Lillian?' Mi madre contestó: 'Bien, ellos investigaron qué es lo que a mí no me gusta, y lo sirvieron todo en una sola comida".

O la vez en que alguien le preguntó a Hazel, la residente de más edad, si quería salir fuera, y ella contestó: "No voy a sacar mi pico del edificio hasta que vea al primer petirrojo".

Mariana sonríe apaciblemente.

"El personal y yo compartimos estos sucesos y nos divertimos constantemente".

Varios de los residentes también aportan perspectivas sobre cómo era la vida hace varias décadas.

Hazel tiene 101 años de edad. Ella rara vez dice más de una sola palabra a la vez. Pero el 2 de febrero, balbuceó diciendo: "Mi hijo Doug nació el día de la marmota".

Animada por el personal, ella contó una historia maravillosa sobre el nacimiento de Doug; una hermosa historia de los buenos vecinos ayudándose mutuamente para que el bebé pudiera nacer. Ese día había una fuerte tempestad, y el esposo de Hazel, George, tenía que viajar más de sesenta millas en caballo hacia Elko, cruzando las montañas Ruby, a través de Secret Pass por caminos serpenteantes y empinados, para conseguir al médico. A lo largo del camino habían caballos descansados esperándole en las granjas donde esperaba. El camino de regreso estuvo marcado por la misma fraternidad. En palabras de Hazel:

George consiguió al viejo doctor, no al joven Tom, pero el abuelo de Tom pidió prestado un cochecito para bebé, e iniciaron el camino de vuelta a la granja. Había equipos y carretas estacionados por todo el camino. George y el doctor cambiaban equipos y continuaban la marcha, y yo todavía estaba lo suficientemente fuerte para verlos regresar. A unas pocas horas de eso tuvimos a nuestro bebé, y su padre estuvo muy orgulloso de él.

Cuando Helen, otra residente que no tuvo hijos escuchó la historia, dijo: "De seguro esos dolores de parto sucedieron hace mucho tiempo". Mariana sonrió cuando escribió la respuesta de Hazel:

Pero valió la pena. Él es un buen hombre.

La historia fue escrita y enviada a Doug, el hijo de Hazel, quien actualmente tiene 82 años de edad. Nunca se es demasiado viejo para saber que su padre se siente orgulloso de su hijo, y que su madre considera que valió la pena el trabajo de parto.

Luego de contar la historia de Hazel a Doug, Mariana se reunió con su personal y decidió agregar algo en su declaración de misión. Mariana explicó: "Por ley se nos exige que llevemos un registro diario para dar cuenta de lo que sucede todos días; de modo que le dije al personal: 'Hagamos de esto un verdadero registro; escribamos los diálogos y las pequeñas conversaciones que ocurren así como las conversaciones conmovedoras que escuchemos'".

"Ahora bien, nuestra misión dice que nuestro propósito se divide en tres partes: suministrar cuidado físico, proveer un ambiente familiar con amor, y escribir las memorias de estas personas, ya que ello constituye un tesoro nacional. Ellos necesitan y merecen que sus historias sean contadas".

El plan consiste en hacer que ellos cuenten sus historias, las escriban y entreguen en forma de folleto a sus familiares.

Lo que debió haber sido

Una de las mejores cosas que ha sucedido con esto, cuenta Mariana, es la respuesta de la comunidad:

"Hubo muchas personas que decían: 'Nunca ocurre nada bueno en este pequeño pueblo', y ahora existen estos registros que prueban que *aquí* ocurren muchas cosas buenas. La gente ha demostrado solidaridad y empatía. Cuando vienen a visitar el edificio se quedan sin alientos, porque es muy agradable. No esperan encontrarse lo que ven aquí. Y no los culpo —yo tampoco lo esperaba".

Mariana es muy consciente de la gran apuesta que significó este proyecto. Ella y su familia se gastaron hasta el último centavo de sus ahorros para fundarlo. Ella a veces se preocupa respecto a lograr que sea viable financieramente, o que al menos se sostenga.

"Esto es algo que yo quería hacer, pero en ocasiones me he preguntado si mi decisión fue la correcta".

Cierta noche, después del trabajo, ocurrió algo que convenció a Mariana de que estaba haciendo lo correcto. Algo difícil de expresar en palabras:

"Una noche, después de conseguir que mi madre se acomodara en su cama (ella no duerme mucho, tampoco se sienta a descansar, es muy activa constantemente), me arrodillé junto a ella para orar. Luego, me dirigí a la alcoba de Helen para preguntarle si podía orar con ella, y lo hice".

Ese día, otra residente, Ángela, había estado particularmente agitada, abriendo y cerrando puertas, teniendo conversaciones imaginarias con sus hijos pequeños y con personas del pasado, y limpiando obsesivamente manchas inexistentes en el lavamanos del baño. Mariana dedicó algún tiempo adicional a ella esa noche, para confortarla y consolarla. Y uno tras otro hizo lo mismo con todos los residentes de la casa.

"Tan sólo fui y hablé con ellos por un momento, estuve escuchando sus necesidades, hablando sobre sus sentimientos y sobre las cosas eternas. Dejé la última habitación y empecé a caminar por el pasillo. La única luz era la luz de los pasillos. Entonces experimenté el sentimiento más hermoso de paz y bienestar que he sentido en la vida. Era como si hubiesen brazos calurosos rodeando al entero edificio".

Mariana llamó a su esposo de inmediato.

"Lo llamé y le dije: 'Lo que sea que suceda, vale la pena. Si tenemos que cerrar puertas en una semana, esta experiencia lo habrá recompensado todo'".

Mariana continúa teniendo la sensación de que es lo que debió haber sido, y que su proyecto ha sido una experiencia maravillosa.

"También hay días que termino odiándolo por la preocupación que genera, y hay días en los que quedo exhausta porque es como estar criando hijos. Pero en el fondo de todo esto, es algo grandioso y me alegra que lo hayamos hecho".

La escritura hace que las cosas empiecen a suceder

Aunque le asombra ver la forma como sucedieron las cosas, Mariana comprende que haberlo puesto por escrito hizo parte del proceso que llevó a que ocurrieran las cosas. Ella lo resume diciendo que cuando se escribe algo, uno empieza por definir sus ideas, y por lo tanto lo que desea lograr. Uno no puede tener lo que desea si no sabe exactamente qué es lo que quiere. Escribir ayuda a esclarecer lo que uno desea. Mariana dice que Dios puede darle a uno lo que desea, pero primero eso debe ser lo suficientemente claro para uno.

Escribir le permitió comprender que el primer paso dependía de ella. Mariana utilizó su agenda como el medio para registrar las señales e indicios que indicaban que las cosas iban bien y que así es como deberían ser. Eso le dio el valor para actuar sabiendo que si asumía el riesgo, tendría el apoyo necesario.

"Ese es otro de los beneficios de la escritura —me ayuda a comprender lo que sucede y me ayuda a apreciarlo. Cuando no escribo, con frecuencia paso por alto las pequeñas victorias y me olvido de ser agradecida".

La escritura le dio el valor para actuar.

Las páginas proféticas

A la luz de los sobresalientes sucesos, me corre un escalofrío por la espalda cuando leo la siguiente descripción en la agenda de Mariana, escrita más de dos años antes que tuviera aquella memorable conversación con su yerno:

Lo que me gustaría es encontrar un lugar pequeño con calor de hogar, donde el personal pueda integrarse completamente y donde puedan cuidar de las personas mayores como si se tratara de sus propios padres y abuelos. La decoración sería clara y brillante, colorida y cálida, que les permita recordar a los residentes sus mejores días, cuando eran jóvenes y productivos. Un lugar donde sus recuerdos puedan ser escuchados, atesorados, y tal vez registrados. Un lugar donde las comidas sean presididas por alguien que estimule la conversación, la interacción y la risa; donde las discapacidades sean minimizadas y las habilidades fortalecidas. Un lugar donde las personas que suministren el cuidado sean más que simplemente empleados, que sean personas llenas de compasión, amor y conocimiento y que su vida personal sea bendecida a causa del cuidado que dan a quienes tanto lo necesitan. Han de ser personas que sirvan a otros con disposición, y que estas mismas personas cuando sean de mayor edad sean bien atendidas, y que cuando entremos al mundo donde no va a haber edades, sean recibidas con agradecimiento por todos aquellos a quienes ayudaron. Tal vez yo ya estoy senil y desvariando para tener este deseo.

Pero lejos de estar desvariando, Mariana expresó con su escritura, algo que su cabeza todavía no sabía, pero su corazón lo sabía completamente. En su anhelo ella anticipó la realidad antes que sucediera. E involuntariamente ella planeó su papel en el proyecto. Y unos cuatro años antes de abrir la residencia Bee Hive Home, Marian había escrito otra entrada profética en su agenda:

¿Cuál es el mejor uso que puedo darle a mi vida? ¿Cuál es el mayor bien que puedo lograr? Me he planteado esta pregunta desde que era joven y todavía no tengo la respuesta. Durante algún tiempo pensé que haría algo notable que beneficiaría a la humanidad y que mi nombre aparecería en los libros de Historia. Pero pronto superé esa noción de autopromoción. Sé que cualquiera que sea mi cometido, involucrará servir a otros y la recompensa será la serenidad que acompañe a esa obra.

Wells, Nevada. Población, 1.000 habitantes. Una pequeña tienda que combina artículos para el hogar y farmacia. Allí hay algo nuevo ahora: una residencia para mayores, completamente nueva y con un entorno muy agradable.

• AHORA ES SU TURNO •

La próxima vez que esté escribiendo la descripción del logro perfecto de su plan, vaya un paso más adelante y conteste por escrito las siguientes preguntas: "¿Dónde encajo yo en la ecuación? ¿Qué necesito hacer para que las cosas ocurran?".

Escuche atentamente las conversaciones a su alrededor, tome nota de las señales e indicios que pueden estarle mostrando la oportunidad de tomar la iniciativa.

No se trata de una pluma mágica; es usted quien puede volar.

CAPÍTULO 15

ESCRIBIENDO CARTAS A DIOS

En el Medio Oriente la expresión, "De sus labios a los oídos de Dios", significa, "¡Que Dios escuche tu oración!".

Yo digo, "De tu lápiz a los oídos de Dios".

Y, ¿por qué no?

El orar sobre el papel es una forma de reconocer la presencia de Dios en su vida, de solicitarle su ayuda y de demostrar agradecimiento.

Pegada junto a una de mis agendas está una servilleta de coctel de United Airlines con una frase escrita diagonalmente. Era el papel más cercano para escribir cuando viajaba por las nubes, y veía la película *The Wedding Singer (La mejor de mis bodas)*. Es una película agradable, pero no le estaba prestando mucha atención sino hasta cuando oí una estrofa que se cantaba en el fondo en el que el héroe lamentaba, la pérdida de su adorada:

"Yo no creo en un Dios intervencionista".

Tal vez no lo creía, pero Dios intervino de todos modos —al final él hombre se casa con la chica de sus sueños.

Yo sí creo en un Dios intervencionista, un Dios que se interesa personalmente por mí.

A veces parece algo tonto. Me digo a mí misma, de seguro el Dios Todopoderoso tiene cosas más urgentes en su agenda que un libro de anotaciones perdido. Existen guerras y hambre y terrorismo, y hay gente que experimenta mucho dolor físico y emocional.

¿Cómo entonces cabe en la mente de alguien escribir una carta como la siguiente?

Querido Dios,

Por favor ayúdame a encontrar mi agenda perdida porque en esta he apuntado muchos datos importantes. Está en algún lugar de tu mundo. ¿La dejé en una cafetería? ¿Me llamarán? ¿O la tendrán refundida en uno de sus cajones esperando que yo pregunte por ella? Dios, por favor, ¡ayúdame! Tú sabes dónde está.

En el cielo debe existir un departamento de artículos perdidos, o tal vez Dios asigne a un agente de bajo perfil. No lo sé. Todo lo que sé es que cuando escribo cartas a Dios, sin importar lo triviales que parezcan, son contestadas por él.

Permita que el lápiz conteste.

A veces la respuesta me llega mediante mi lápiz, en forma de diálogo. Con frecuencia le escribo a Dios en la noche, antes de irme a dormir, y luego, lo primero que hago en la mañana, cuando apenas estoy medio despierta, escribo ambos lados de la conversación que todavía se escucha dentro de mi cabeza somnolienta.

Escribo las palabras tan rápido como estas llegan a mí, y no hago edición o análisis.

Repito la petición de la noche anterior; y con frecuencia me admiro de la rapidez de la respuesta.

Dios, ¿dónde está la carta que envió el director del programa?

Está dentro del morral —la mochila vieja que está debajo del escritorio.

A veces la respuesta no es lo que yo deseo o espero, pero siempre hay bondad e interés en mi bienestar, como el interés que manifiesta un padre amoroso; suminista apoyo, pero a la vez es admonitorio.

¿Está mi agenda en el baúl del automóvil junto a mi computador portátil?

No, no está. Quiero que termines de escribir este libro. Voy a hacer que sea fácil y que fluya adecuadamente para ti. No permitas que nada se interponga en el camino —absolutamente nada— deja de buscar la agenda, deja de preocuparte. ¡Ve al Vivace y escribe! Tú puedes hacerlo, y empezará a fluir tan pronto le dediques tiempo. Eso es todo lo que se necesita. Vas a encontrar lo que te hace falta después de pedirlo, redescubre tus propias habilidades. Todo lo que necesitas está en tu interior. Simplemente escribe.

¿Alguna posibilidad de que encuentre el archivo? Sé que introduje mucha información allí.

Vendrá a ti, no desperdicies tiempo buscándolo.

Hice como se me había indicado. Empecé a escribir de nuevo. Para mi alegría, tanto el archivo como la agenda aparecieron en los siguientes días.

¿Es su propio subconsciente el que contesta?

Cuando alguien plantea una pregunta en la noche y recibe la respuesta en la mañana es probable que el escéptico diga que es el propio subconsciente dando la respuesta. Eso puede ser cierto, pero también, puede ser Dios guiando la parte del subconsciente que tiene la respuesta.

Antes de concluir que las respuestas provienen de mi propia imaginación, recuerdo un incidente dramático que sucedió hace varios años. Yo estaba programada para hacer una presentación ante un grupo de más de 400 personas en otro estado; los patrocinadores hicieron disponible un salón para que yo pudiera vender mis libros y, en caso de tener, grabaciones de audio. Hasta suministraron asistentes para ayudarme a manejar el asunto del dinero.

Eso representaba una verdadera bendición, pero en ese momento no disponía de grabaciones para vender. Entonces recordé un programa que había grabado ocho años antes, y me di cuenta que la grabación de esa cinta sería perfecta para esta audiencia. Pero sólo disponía de una semana para encontrarla, reproducirla y empacarla. Yo estuve buscando en un lugar de la casa donde teníamos cientos de cintas antiguas sobre motivación y CDs sobre ventas, y hasta grabaciones de entrevistas radiales y otros programas en los que había participado. Pero no encontraba la grabación que necesitaba. No tenía la más mínima idea de dónde encontrarla. Sólo sabía que existía. Ya estaba empezándome a sentir desesperada, quizás porque me estaba preocupando el tema del dinero. Si lograba encontrar la grabación, sería muy útil.

Querido Dios,

Necesito encontrar la grabación de audio para venderla en la convención de este fin de semana. Por favor, indícame —de forma directa y sin perder tiempo— mediante la escritura, la forma de encontrarla mañana en la mañana, y también, ¿podrías despertarme a tiempo y descansada a pesar que me estoy yendo a descansar tan tarde hoy?

Gracias por mis amigos y mi familia que son como la Roca de Gibraltar en mi vida.

La mañana siguiente, me puse a examinar mi agenda. Todavía estaba entre dormida, pero me puse a la tarea de buscar.

Muy bien, Dios. ¿Dónde está la audiocinta?

En el ático.

¿Cómo así? ¿No está en el lugar donde tenemos todas esas cintas?

En el ático.

No tengo mucho tiempo disponible. Necesito la cinta ahora mismo. El ático es un lugar grande. ¿En qué lugar del ático?

Estaba un poco irritada. Todavía estaba segura que estaba en el lugar donde habíamos guardado todas las cintas, y ahora se me estaba enviando a traer la presa del bosque.

Mira a tu izquierda.

¿Qué debo buscar?

Una caja de zapatos dentro de una caja más grande.

A la izquierda y en medio.

Todavía dudando y en pijamas fui al pasillo y halé la escalera plegable al ático, subí los escalones, y me dirigí a la izquierda, y allí estaba una caja grande que no había notado antes. Miré dentro y había una caja de zapatos, llena de audio cintas viejas; y entre estas, la cinta que estaba buscando.

Este mensaje de Dios fue particularmente poderoso por varias razones. En primer lugar, yo estaba en un momento difícil y esto me recordó que Dios se interesa. Por otra parte, pude duplicar la cinta y vender más de doscientas copias durante las siguientes dos semanas. Los ingresos recibidos me ayudaron a sustentarme durante un tiempo difícil.

Y más significativo aún (todavía no entiendo cómo sucedió todo esto), esta respuesta contradice mi propio cinismo en el sentido de que las respuestas que provienen de Dios fuesen de algún modo yo misma en estado alfa: yo no había puesto esa cinta en la caja de zapatos en el ático y no tenía manera de saber que estaba allí.

Ninguna manera, excepto una.

Obteniendo las respuestas de forma indirecta

Si su carta es una petición, la respuesta no siempre viene la mañana siguiente a través de la escritura. Pero si lo que usted ha solicitado es mediante oración escrita, la respuesta es más pronta.

Hace años, tras uno de sus viajes, mi hija Emily me trajo un folleto pequeño de unas 24 páginas, que me causó curiosidad. Había sido publicado en la década de 1920 y tenía una forma curiosa de utilizar los signos de exclamación y las cursivas. Había mucha sabiduría condensada en las líneas. El autor había escrito asuntos muy puntuales sobre el poder de poner por escrito lo que se desea obtener. Yo no podía recordar de dónde había venido este libro, ni cómo conseguir otro igual. Llamé a varias librerías, pero era demasiado pequeño para que lo incluyeran en la sección de libros impresos, y no había forma de solicitarlo. Y puesto que el libro era bastante antiguo había muy pocas posibilidades de que todavía se imprimiera.

Yo no tenía el nombre del autor del libro, pero el título era difícil de olvidar. Los publicadores decían que había salido de la respuesta inicial a la fórmula del manuscrito: *It Works!* (*¡Funciona!*).

Entonces, cuando todos los demás recursos fallaron, escribí una carta a Dios, mencionando el libro por nombre y dejando el asunto enteramente en manos de Él. Tenía la confianza de que si localizar el libro era importante para mi trabajo, Dios encontraría la forma de hacerme llegar una copia.

Resultó, como lo llama mi primo Larry, "una búsqueda Zen", es decir, una conexión perfectamente inesperada, como cuando usted encuentra por casualidad una canción que siempre ha querido tener en una tienda de discos usados. Dos semanas después de haber escrito mi carta a Dios, un amigo me prestó un libro curioso, autopublicado en

1972, sobre cómo ganar cualquier concurso en el que uno participe.

Y allí, en medio del texto de cierta página, sin ninguna transición conducente, aparecía una referencia a *It Works!*, incluyendo información sobre cómo solicitar la obra.

Casi me caigo de la silla. Que el autor de un libro sobre concursos mencionara esta obra de setenta años era una cosa, pero que incluyera información sobre cómo pedirla era una causalidad demasiado afortunada.

Esa misma semana, yo tenía una copia en mis manos.

MI AMIGA Charlotte escribe cartas a Dios todo el tiempo y sin esperar recibir una respuesta por escrito. Charlotte es una vecina mía de 16 años y es estudiante. Cierto día, ella me escuchó hablando con su madre sobre las cartas a Dios.

De forma un tanto tímida, me mostró las cartas que ella misma le había escrito, no sólo a Dios, sino a todo un ejército de protectores.

Me sentí conmovida cuando Charlotte me dio autorización para compartir estas cartas. Son cartas muy especiales, a la vez que sobresalientes e impresionantes. En su inocencia y belleza, destacan el hecho de que la oración es como una conversación con un amigo sabio en quien se confía.

Querido Dios,

Hoy te estoy llamando para pedirte ayuda extra en las muchas cosas que están ocurriendo en mi vida. No hay orden de importancia. Primero, quiero pedirte que me ayudes a estar completamente en forma. Deseo perder mucho peso y convertirme en alguien que se alimenta de manera saludable y que hace ejercicio regularmente. Sé que esto está dentro del rango de mis posibilidades, de modo que necesito un poco de ayuda y motivación, y te agradezco por la ayuda que me has dado con el peso que ya he perdido.

En segundo lugar, ¿conoces al "chico deli" de la tienda de la esquina? Sé que tú sabes su nombre, mientras que yo todavía no lo sé. Quiero pedirte que me ayudes a que él sea una realidad para mí. De todos los chicos con los que flirteo, tengo los sentimientos más puros hacia él. Por favor, no dejes que esto se convierta en una desilusión.

En tercer lugar, te pido que me ayudes completamente a prepararme con los exámenes finales. Ayúdame a mantenerme concentrada y a obtener buenos resultados en estos exámenes y en mi trabajo diario en la escuela.

También te pido que me ayudes a conseguir el mejor trabajo posible para el verano.

Finalmente, quiero pedirte ayuda con mi nuevo papel de liderazgo en la escuela. Ayúdame a lograr el éxito y a no distraerme. Ayúdame a estar involucrada con otros, pero al mismo tiempo a tener un trabajo y una vida.

Gracias por escuchar mi oración, y sé que he pedido mucho, pero también sé que lo mejor siempre vendrá a mí. Ahora son las 11:05, y en vista de que tengo que levantarme mañana a las 6:00 a.m., voy a despedirme.

Mi amor por siempre,

Charlotte Jean

Charlotte no esperaba una respuesta directa, pero tenía la confianza de que sus oraciones fueran escuchadas. Una carta, escrita meses después demuestra que su fe constante tuvo sus recompensas.

Queridos Dios, Jesús, María, y ángeles guardianes,

¿Cómo están? Bien, aunque sé que están ocupados haciendo la diferencia en la vida de las personas y del medio ambiente, quiero agradecerles por la diferencia que han hecho en mi propia vida. Estuve revisando mis escritos anteriores en la agenda y, ¡guau! Es sorprendente

la diferencia que han logrado conmigo. Tuve un verano maravilloso. Hicimos dos salidas espectaculares con mi grupo de jóvenes, y mi trabajo de digitación de textos me permitió un horario flexible. Adicionalmente, mejoré mis habilidades en digitación (algo que pensé que era imposible). ¡Quién lo hubiera imaginado! Por otra parte, pensar que alguna vez llamé a Bryan el "chico deli". Ahora somos amigos y él me aprecia por lo que soy y eso me gusta, aunque si pasa algo más que eso, no estaría mal (sólo es una sugerencia). También me está yendo bien en la escuela, aún con mi horario apretado. Soy tan bendecida. Estoy viviendo mi propia vida, me está yendo bien y estoy logrando mantenerme.

Ahora bien, si no es mucho pedir, todavía aceptaría ayuda con el tema de perder peso. Pero al menos, ahora no soy tan autoconsciente.

De todos modos, los quiero mucho y gracias,

Charlotte Jean

Expresando agradecimiento y alabanza

Las cartas que compartió Charlotte también son un recordatorio de que la oración no es sólo peticiones, sino también para expresar agradecimiento y alabanza. No todas las cartas a Dios deben ser súplicas por ayuda.

Quisiera apartar un momento para agradecerle a Dios, a Jesús, a los santos, a María y a mis ángeles, por ayudarme a pasar un periodo difícil de mi vida. Por hacer de ello una experiencia fortalecedora en sentido espiritual. Por siempre estar ahí y escuchar mis oraciones. Por caminar a mi lado dondequiera que voy o por sostener mi mano cuando siento dolor o cuando me siento sola. Muchas gracias también por los alrededores hermosos donde vivo, pero especialmente por los arcoíris y las puestas de sol. Les agradezco por darme el regalo de mi familia y por la gente maravillosa que me apoya y me anima. Gracias también por darme un espíritu fuerte y sabio, y sé que puedo mantenerlo por mucho tiempo, pero por supuesto no sin ustedes, mis líderes, mis compañeros y apoyadores. Gracias. Gracias. Gracias. Por favor, si hay algo que pueda hacer para servirles, permitan que lo pueda hacer. Siempre estaré en deuda con ustedes. Con mi amor para siempre,

Charlotte Jean

Gracias por adelantado

Una de las formas más sublimes de oración consiste en dar las gracias por adelantado. Implícito en la oración está la confianza de usted como hijo en que Él le concederá los deseos de su corazón cuando usted le pide lo que desea.

¿Qué padre hay entre ustedes", dice el evangelio de San Lucas, "que si su hijo le pide un pescado, le dará acaso una serpiente en vez de un pescado? ¿O si también pide un huevo, le dará un escorpión?".

La humorista Marianna Nuñes, compañera en la National Speaker´s Association, escribió una carta de agradecimientos anticipados a Dios por el esposo que ella aún no tenía. La carta surgió de la frustración de intentar conocer a un compañero a través de los medios modernos convencionales disponibles a los solteros. Ella era una lectora ávida de los programas de servicios para solteros y logró responder lo que debe ser un record de setenta y cuatro anuncios en dos años.

"Tuve tanta actividad en mi línea telefónica, que la compañía de teléfonos preguntó si quería solicitar algún tipo de bloqueo".

Ella se hizo tan buena en concertar citas, que diseñó un programa popular para solteros, "El arte del flirteo", el cual apareció en la revista *Life*. Con todo, no lograba conocer a su pareja.

Al final, su amigo Burt le dio su consejo para encontrar a un compañero. Le dijo: "Simplemente, déjaselo a los ángeles, Marianna", y le dio un ángel de tela que ella puso en la repisa de su ventana como recordatorio.

Marianna viajó por todo el mundo dictando conferencia en lugares tan exóticos como Bahrain y Kuwait, apareció en programas donde los personajes invitados eran Colin Powell, John Sununu, Marcia Clark, y Christopher Reeve.

Sin embargo, algo hacía falta en su vida. Ella necesitaba, como ella misma lo expresó con sencillez, "conocer y casarme con un hombre maravilloso".

Ella continuó contestando los anuncios de las agencias, pero se sentía desilusionada al descubrir que la gran retórica de halagos de los clasificados usualmente no encajaba con la realidad, una vez concordaba en concertar una cita. De modo que sintió un hormigueo cuando en el *Burlingame Gazette* de California, apareció un anuncio directo, que le hizo deshacerse en risas:

Respira, tiene pulso, y puede comer sin ayuda. Si esto le hizo reírse, llámeme...

A mi amiga le gustó el anuncio, de modo que decidió llamar.

Antes de marcar el número, Marianna fue a aprovisionar de agua el plato de su perro. Allí fue cuando se dio cuenta que el ángel de Burt se había caído al fregadero.

Ella recogió al ángel y lo mantuvo cerca.

"Esta era una señal de que el hombre de mis sueños venía en camino".

El hombre que había puesto el aviso gracioso se llamaba Frederick. Hablaron por teléfono pero nunca se conocieron. Otro asunto sin porvenir.

Ocho meses después, mientas Marianna regresaba solitaria en un vuelo procedente de una de sus presentaciones internacionales, tomó un block de papel de su maletín y escribió una carta a Dios describiendo el tipo de hombre que quería a su lado.

"Lo escribí en tiempo presente y fui bastante específica".

Escribió una carta de oración y de agradecimiento.

Querido Dios,

Estoy muy agradecida por mi esposo. Él está 100% comprometido conmigo, es monógamo, de inclinación espiritual, y nos reímos mucho juntos. Él es mi mejor amigo y un amante maravilloso. Tenemos sexo increíble y nos amamos profundamente. Nos hemos conectado el uno con el otro mentalmente, espiritualmente, psicológicamente, socialmente, físicamente e intelectualmente. Tenemos una vida equilibrada. Somos exitosos y felices en nuestras carreras, y amamos los animales. Nos amamos y confiamos el uno en el otro completamente cuando estamos lejos entre sí. Nuestra relación está caracterizada por la tranquilidad y el juego. Nos comunicamos nuestras diferencias con facilidad. Nos atraemos sexualmente el uno al otro. Ambos deseamos y queremos pasar el resto de nuestras vidas juntos en matrimonio. Nuestras familias se demuestran aprecio. Gracias por mi compañero y mejor amigo de toda la vida.

A los pocos días de su regreso, el teléfono sonó. Era Frederick.

"Él había estado limpiando su habitación y encontró mi teléfono detrás de su computador. Nos conocimos y nos comprometimos a los tres meses. Nueve meses después, estábamos casados".

Eso ocurrió hace tres años. En la actualidad, Marianna y Frederick disfrutan exactamente la clase de matrimonio del cual ella había estado agradecida por anticipado.

El muro de las lamentaciones

La idea de escribir cartas a Dios no es un asunto nuevo.

En Jerusalén, cerca de la mezquita musulmana de Omar, existe un muro de cincuenta y un pies de alto, que se considera que es lo que queda del templo de Salomón del siglo X a. C. Frente a este muro se reúnen los judíos los días viernes para lamentarse y orar. Tradicionalmente escriben mensajes a Dios, los cuales introducen en las grietas de la antigua roca sagrada. El poder de estos mensajes es tan apreciado que la gente con frecuencia envía emisarios para colocar notas en el muro a su favor.

Una mujer que yo conozco, su nombre es Karla, hizo eso. Ella y su esposo no podían concebir. Entonces un grupo de la iglesia cristiana a la que ellos asisten iba a ir de visita a la Ciudad Santa. Karla escribió rápidamente una frase: "Quiero tener un bebé", en un trozo de papel de notas, y pidió a uno de los delegados que lo introdujera en el muro de las lamentaciones. Cuando Karla me estaba contando acerca de esto vía telefónica, yo podía escuchar al fondo de la conversación al bebé jugar felizmente.

"Le pusimos por nombre Kadin a nuestro hijo milagro".

Escribir cartas a Dios, ¡qué idea tan maravillosa! Y lo mejor de todo es que no se necesita un buzón ni una estampilla.

• AHORA ES SU TURNO •

Escriba cartas a Dios de alabanza y agradecimiento. Puede hacerlo en la noche, planteando preguntas o solicitando guía para tomar una decisión. Cuando se despierte en la mañana, permita que la respuesta le sea dada mediante la escritura. Suena extraño, pero al intentarlo no se pierde nada.

Querido Dios,

Ayúdame en este proyecto.

¿Cómo puedo sostener a mi familia?

¿Me quieres, Dios?

¿Estoy haciendo lo correcto?

A propósito, ¿has visto el suéter que perdí?

Le asombrará las respuestas que obtenga —y encontrará el suéter.

CAPÍTULO 16

LA RESISTENCIA TIENE SUS RAZONES

Cuando usted se halla vacilante antes de dar el siguiente paso para alcanzar su meta, le resulta fácil culpar al horario sobrecargado o a las demás personas que no cooperan. Adivine: usted mismo es quien está absteniéndose de completar su meta. Veamos por qué.

La historia de Trina

Me encontré con mi amiga Trina por casualidad. Ella estaba esperando un autobús en una calle transitada cuando yo iba conduciendo por el lugar. Me detuve y la invité a acompañarme a tomarse un café en el Vivace, y luego me ofrecí a llevarla a casa. Y puesto que hacía casi seis meses que no nos habíamos visto, teníamos mucho por contar.

Trina es una mujer encantadora, joven y llena de vida. Recientemente había regresado de un viaje a Irlanda. Con gran alegría me contó que había regresado con un *souvenir* permanente: una mariposa encantadora colgando de un anillo puesto en su ombligo.

A medida que hablábamos, empezó a contarme de un sueño que tenía y de los eventos posteriores que rodearon la historia.

Entonces me mostró un papel de adherencia amarillo de 2 x 2 pulgadas pegado en la primera página de su agenda de trabajo. Un pedazo pequeño de papel con una historia para contar. Ese papel anunciaba una aventura que habría de realizarse; el primer paso en el cumplimiento de una aspiración de mucho tiempo atrás.

A continuación Trina me dio información de contexto. Ella estudia Economía en la universidad. Desde su primera clase estaba entusiasmada con las posibilidades que presenta su carrera. Ella consideraba que la aplicación práctica de los principios de Economía pudiera provocar un cambio sustancial en el mundo.

Trina tomó otra asignatura y empezó a leer todos los libros que pudo sobre Economía. Cuanto más leía, más se convencía de que quería ayudar a las naciones a desarrollarse de una forma concreta. Pero no tenía la más mínima idea de cómo comenzar. ¿Cómo saltar del hecho de conseguir un título profesional en Economía a desarrollar una política económica mundial?

"Yo no sabía la aventura en la que me estaba metiendo. Sabía que no quería involucrarme con políticas que me desilusionaran; pero consideraba que la política era la única manera de involucrarse con la creación de políticas".

Cuando se enteró que los cuerpos de paz utilizaban especialistas en negocios, asistió a un discurso promovido por un cuerpo de paz, pero resultó que el asunto no era para ella, no era lo que ella quería.

"Enseñar o tener un doctorado me daría la ayuda que necesito, pero el problema real es el *dinero*. Los países pobres del mundo no cuentan con una economía sostenible".

De nuevo, Trina experimentó el desencanto, cuando descubrió que no existía ninguna organización que hiciera lo que ella quería hacer.

"Tenía este gran sueño y ninguna forma práctica posible de llevarlo a cabo, de modo que me di por vencida".

Mientras tanto, Trina continuó hablando de su vida. Era coordinadora asistente del festival olímpico de música de verano, un programa de tres meses de música de cámara iniciado por el Cuarteto de cuerdas de Filadelfia. Ella disfrutaba el trabajo y le agradaba ser parte de una organización artística sin ánimo de lucro que hacía una contribución vital a la comunidad. Pero admitió sin ambigüedades: "Está bien hacer esto por ahora, antes de cumplir 30 años, pero, ¿y después de eso? Yo no quiero hacer esto por el resto de mi vida".

Trina también me contó que había participado en un programa de voluntariado llamado Washington Works, un programa de ocho semanas de entrenamiento para preparar a las mujeres para que pudieran conseguir trabajo. El curso enseña cosas como habilidades secretariales, cómo utilizar un computador, cómo manejar el teléfono, y luego ayuda a conseguir una vacante.

El trabajo de Trina consistía en mediar a favor de las mujeres durante el programa. Cuando se registró, le asignaron a una mujer de 26 años de edad que tenía tres hijos.

"Pienso que aprendí más de ella que lo que le ayudé. Era una mujer increíblemente valiente".

Adicional a su trabajo de coordinación del festival de música y su trabajo en el voluntariado, Trina también trabajaba en una galería de arte varias noches a la semana. Me contó que recientemente una noche no había habido clientes ni visitantes en la galería. Ella estuvo sola y aburrida. Tomó en sus manos un boletín extraviado y empezó a leerlo de forma superficial. Se trataba de un boletín cualquiera que apareció en la galería, algo que ella normalmente no leería. Entonces sus ojos se detuvieron en la sección "Gente en ascenso", donde aparecía un reportaje sobre una mujer de la localidad.

La nota resaltaba el reciente nombramiento de la mujer como directora ejecutiva de Global Partnerships, una organización internacional sin ánimo de lucro cuya misión era la de estimular las economías en países del tercer mundo mediante el "microcrédito". Ellos creaban bancos en pueblos y hacían préstamos pequeños a mujeres en condición de indigencia para apoyarlas en iniciar un negocio casero.

Gracias a este programa, en vez de vivir en pobreza extrema, las mujeres podían obtener suficientes recursos para alimentar a sus familias, suministrar educación a sus hijos, producir suministros y comercializarlos, y pagar los préstamos a interés.

Trina se sentó erguida cuando leyó eso. Sus ojos se abrieron completamente a medida que asimilaba el impacto de la descripción.

"Durante tres años he leído libros sobre economía en mi tiempo libre, y de todo lo que he leído, las soluciones pequeñas son mejores que las grandes. La clave está en dar pasos pequeños, en hacer uso de lo que el país ya tiene, y edificar sobre sus fortalezas. Eso es lo que funciona. Y aparentemente eso era lo que Global Partnerships estaba haciendo: trabajar a nivel local y a escala pequeña, en vez de producir grandes cambios, que probablemente más tarde se desbaratarían".

A pesar que toda la información que tenía Trina sobre Global Partnerships en ese momento no era más que unos simples párrafos en un boletín olvidado, difícilmente pudo contener su entusiasmo.

"Quiero involucrarme con esto de inmediato", pensó Trina.

Allí es donde ella escribió el nombre de la compañía, el número telefónico, la dirección y el nombre de la nueva directora ejecutiva en el papel adhesivo. Pensó en llamar para pedir más información y preguntarles sobre cómo participar.

"Era perfecto —era todo lo que yo quería hacer, lo que había concebido en mi imaginación, sin saber que esto existía".

Entonces pegó el papel adhesivo en su agenda de trabajo.

Día tras día, Trina miraba la nota adhesiva como si le mirara al rostro. Cada vez que abría su agenda para programar su día o consultaba la agenda para ver un número telefónico, ver una cita, el adhesivo le hacía señas —pero nunca hizo nada al respecto.

Llegando al meollo del asunto

Requirió bastante resistencia ignorar ese recordatorio. El adhesivo le retaba todos los días, pero Trina no llamaba. ¿Por qué no lo hacía?

Cuando le hice esa pregunta, Trina se excusó: estaba demasiado ocupada en la galería, con el festival de música y con su trabajo voluntario. Pero cuanto más hablábamos, más tenía ella que admitir que estar ocupada no era lo que le impedía marcar el número. Con un suspiro de resignación, Trina reconoció que simplemente era ella misma, deteniéndose a ella misma.

"Tú sabes lo que es eso. Cuando finalmente encuentras lo que has estado buscando, sientes temor de actuar. Es un asunto de preocupación. Si uno lo toca, ¿se va a romper? Era tan difícil levantar el teléfono y llamarla a ella, aun cuando deseaba hacerlo tanto. Era difícil de hacer, porque era exactamente lo que deseaba hacer".

Le pregunté a Trina si estaba dispuesta a escribir sus objeciones para llegar a la médula de lo que subyacía a su inactividad. Compartí con ella un principio que he enseñado durante muchos años y en el cual creo enormemente: la resistencia es generada por algo y cuando lo descubrimos, no sólo nos permite avanzar, sino que nos libera.

En ese momento, invité a Trina a tomar su lápiz y una hoja de papel, a escribir y seguir escribiendo, retirando una a una las capas hasta llegar al fondo del asunto.

Después de un poco de timidez, ella se sorprendió de lo fácil que empezaron a fluir las palabras. Esto es lo que ella escribió:

La gente que trabaja para la Directora Ejecutiva es probablemente mucho mayor que yo, y deben tener toneladas de experiencia en los negocios. ¿Por qué querrían tener ellos a alguien como yo, alguien que no tiene mucha experiencia?

Me siento tonta de llamar y decir: "Me gustaría saber más sobre ustedes". No sé qué decir. No tengo tanta experiencia en Economía, es más un asunto instintivo que nace dentro de mí. El asunto en verdad es que no me siento que pueda hablar de forma inteligente sobre lo que quiero lograr.

Después Trina recordó cuando estuvo en Irlanda, y cómo fue a quedarse con una familia irlandesa para Navidad. Condujo de vuelta desde Clare hasta Dublín, tres horas en automóvil con su amigo Michael y su hermano mayor, Adrian, quien había hecho estudios avanzados en Economía.

Cuando le dije a Adrian lo maravilloso que era que se hubiera especializado en Economía, y sobre cómo yo quería hacer lo mismo y trabajar en desarrollar la economía de los países pobres, él procedió a decir: "No sé ustedes los americanos quién se cree que son. Creen que pueden ir al tercer mundo y cambiar las cosas cuando sencillamente todo está bien así".

Durante todo el trayecto a Dublín Adrian estuvo exasperándome. No permitía que dijera una palabra sin cuestionarme —se empeñó en decirme que todo lo que yo pensaba era incorrecto.

Al escribir sobre ello, Trina se dio cuenta cuánto le habían afectado los comentarios de Adrian, y cuánto los había interiorizado junto a sus propias dudas.

¿Qué iba a decirle a la mujer? Pensaría que yo era una joven desquiciada que no sabía de lo que estaba hablando.

Cuando terminó de escribir, Trina tenía una sonrisa en su rostro. De repente todo tuvo sentido para ella. Se sintió bien por haberlo definido. Cuando se es honesto se caen los grilletes. Se sintió aliviada; como si hubiera descargado una carga pesada que hubiera estado cargando en su espalda durante mucho tiempo.

Una vez se identifican los motivos que generan la resistencia, el bloque se desintegra, dejándolo a uno libre para el logro. Cuando uno es dueño de su propia vida, encuentra la manera de reclamar lo que quiere de ésta.

En menos de una semana después de encontrarnos, Trina asistió a una fiesta de coctel en homenaje a varios dignatarios locales y a los voluntarios de Washington Works.

Trina empezó a hablar con una mujer que conocía y que hacía parte del comité al que ella pertenecía, quien a su vez, estaba hablando con otra mujer. Trina se presentó a la otra mujer, y le preguntó de dónde era.

La mujer le sonrió y le dijo: "Bueno, acabo de conseguir un nuevo empleo. Soy la directora ejecutiva de Global Partnerships, una organización sin ánimo de lucro".

De inmediato Trina no perdió la oportunidad de ofrecerle sus servicios y de ayudarle de cualquier manera posible.

Trina nunca dejó de estudiar, nunca renunció a su sueño de hacer la diferencia en el mundo mediante los principios de la Economía: ayudar a la gente de escasos recursos a vivir vidas decentes, y a erradicar el hambre del mundo. Un teléfono casi la detiene, hasta que ella estuvo dispuesta a enfrentar con franqueza la razón para su resistencia. Cuando lo hizo, el mundo estaba disponible para ayudarle un poco.

• AHORA ES SU TURNO •

LA RESISTENCIA TIENE SUS RAZONES

Ese es un adagio que bien vale la pena tener en cuenta. ¿Hay algo en su vida a lo cual usted se esté resistiendo? ¿Qué lo está haciendo retraer? Escriba las razones detrás de su resistencia. ¿Qué es lo que no parece seguro que le impide avanzar hacia adelante?

Es probable que usted piense que se debe a fuerzas fuera de su control —presiones en el trabajo, fondos escasos en la cuenta bancaria, un padre o un compañero que no están muy dispuestos a cooperar. Adelante, para empezar puede encontrar una persona o una razón como excusa; pero continúe escribiendo hasta que la verdadera razón salga a flote. ¿Qué es lo que hay en *usted* que le está haciendo resistirse de dar el próximo paso?

La verdad libera, y libera al mundo para que le facilite su ayuda.

CAPÍTULO 17

ESTABLEZCA EL RITUAL

C uando se vincula la escritura a una ceremonia, se convierte en algo sagrado. El ritual reconoce a algo mayor que usted como parte del plan. Agregar el ritual de la escritura a las metas, hace que el mensaje sea mucho más significativo. Pone los asuntos en movimiento.

La historia de Elaine

Elaine St. James es la autora de una serie popular de libros sobre simplicidad, entre los cuales se cuentan *Simplifica tu vida* y *Simplicidad interior*. Luego de escribir un libro al año durante cuatro años seguidos, Elaine estaba lista para presentar sus ideas en público, un logro bastante grande para una mujer que hasta hacía poco no consideraba que pudiera ser escritora, y que tiempo atrás temía hablar en público. Un amigo en común le dio mi nombre, y ella me llamó para pedir consejos sobre cómo comercializar y manejar sus eventos de oratoria. Pronto nos hicimos amigas y empezamos a sostener varias conversaciones telefónicas de larga distancia. Parecíamos hermanas que hubiesen sido separadas al momento de nacer y que ahora nos hubiéramos reencontrado.

Elaine exuda calidez y amistad, y acompaña sus historias con una risa alegre. Ella se demuestra sorprendida con su propio éxito y está convencida que cualquier persona puede hacer lo que ella hizo.

No sé cómo abordamos el tema, pero cuando Elaine empezó a hablar de una ceremonia que ella y una amiga suya realizan todos los años en la víspera de Año Nuevo, mis oídos se sintonizaron. Para cuando ella había terminado de explicar los detalles, mi corazón estaba rebosante y yo misma me había resuelto a ponerlo en práctica.

La ceremonia de la flecha

Así es como empieza: Elaine y su amiga se reúnen todos los años para fijarse las metas del año nuevo. Hace unos diez años, su amiga escuchó sobre una costumbre interesante, y ambas concordaron en probarla. Desde entonces la han estado realizando.

"Se trata de lo siguiente: en las culturas nativas americanas, las tribus y las familias se reúnen al iniciar el año nuevo en el solsticio para celebrar una reunión especial en la que hacen una petición al Gran Espíritu para eliminar ciertas cosas que desean desechar de sus vidas y para atraer las cosas que desean alcanzar. Como forma de representar esto, traen seis flechas: tres de ellas representan las cosas que no desean, y las tres restantes las cosas que desean".

La preparación es tan importante como la ceremonia misma.

"Ellos tallan con esmero estas flechas especiales, y utilizan plumas de aves para los extremos de las flechas. Ellos llaman a estas flechas las flechas de la muerte y las flechas de la vida, porque ambos tipos de flechas llevan respectivamente las cosas que desean que mueran o que salgan de sus vidas y las cosas a las cuales les desean dar vida".

Las flechas de la muerte se ponen en suelo bajo, en un círculo y están inscritas con hojas de tabaco.

"Uno a uno, los miembros de la tribu y de la familia ingresan al círculo por el lado norte, colocan las flechas en el suelo y oran en silencio, concentrándose en aquello de lo cual desean deshacerse o que desean rechazar. Luego de que todos hacen esto, queman las flechas. El humo envía una señal al Gran Espíritu".

Entonces todos se dirigen a un terreno con una posición más alta, marcan un círculo similar y esta vez ingresan desde el sur.

"De nuevo, todos entran al círculo y colocan las flechas sobre el suelo, y hacen sus peticiones al Gran Espíritu sobre aquello que desean atraer a sus vidas. Entonces dejan esas flechas erguidas para el Gran Espíritu durante todo el año".

De acuerdo a la amiga de Elaine, se supone que esto es mágico, absolutamente mágico.

"Lo que usted pidió que fuera desechado de su vida es removido, y lo que usted pidió que llegara a su vida, llega. Los nativos tienen fe inquebrantable en que lo que pidieron les será concedido mediante esta ceremonia".

La versión ecológica al sur de California

Ahora bien, Elaine y su amiga adaptaron la tradición nativo-americana a sus propias circunstancias.

"Nosotras no sabíamos cómo hacer las flechas, de modo que el primer año salimos y conseguimos algunos palos —ramas de sauce— y atamos cintas en los extremos para representar las plumas".

"Mi amiga, sus dos hijas y yo, cortamos seis tiras de papel para cada una de las que llamamos 'flechas buenas' y 'flechas malas', e inscribimos nuestras intenciones, y luego las pegamos con cinta a la rama de sauce".

Elaine recuerda que todos, incluso sus hijas, llevaron a cabo la preparación con toda seriedad. Pensaron con bastante detenimiento, "¿Qué queremos que venga a nuestras vidas y qué queremos que salga de ellas?" Escribieron las respuestas y las pegaron con cinta cuidadosamente a los palos con la actitud, "Si funciona para los nativos americanos, también funcionará para nosotros".

El plan era levantarse temprano a la siguiente mañana, porque la costumbre dice que esto debe hacerse antes que salga el sol. No obstante, Elaine y su amiga no fueron tan escrupulosas en esta parte.

"Mi amiga y yo nos levantamos antes del amanecer como lo habíamos prometido, pero no resultó lo mismo con las jovencitas —con edades de 13 y 16 años—, a pesar que habían estado bastante involucradas la noche anterior".

"Ellas habían demostrado su compromiso, pero cuando llegó la hora de levantarse, estaban muy cansadas por haberse quedado despiertas tan tarde la noche anterior alistando todo. Así que dijimos: 'Bien, el Gran Espíritu podrá comprender una hora de retraso'".

"Finalmente conseguimos que se levantaran; todo el mundo estaba muy arropado debido a lo frío de la temperatura. Nos subimos al automóvil y empezamos a subir las colinas. Encontramos un sitio bastante apropiado, nos bajamos del automóvil y empezamos a subir, luego de cruzar una cerca. Probablemente estábamos pisando propiedad privada".

Elaine había comprado una marca de tabaco costosa y la esparcieron para crear una pista de hojas color castaño.

"Luego de hacer el círculo, entramos en él y dijimos en voz alta al Gran Espíritu lo que queríamos para nuestras vidas".

Elaine le pidió al Gran Espíritu que hiciera algunas concesiones debido a las leyes ambientales del sur de California y por las regulaciones contra incendios, así como pedir favor por sus hijas adormecidas.

"En vez de quemar las flechas, las enterramos. Lo anterior por razón de que vivimos en una zona de incendios forestales donde están prohibidas las fogatas. Nos imaginamos que en vez de ver el humo, el gran espíritu *escucharía* nuestras súplicas porque las habíamos pronunciado audiblemente".

Entonces abordaron el vehículo y subieron a un terreno más alto, e hicieron lo mismo respecto al círculo, sólo que esta vez ingresaron a él por el lado sur.

"Entramos al círculo e hicimos nuestras peticiones. Pero en vez de erigir las peticiones, donde alguien pudiera venir después y encontrarlas, las enterramos discretamente. Nos imaginamos que el Gran Espíritu las encontraría y las concedería de todos modos".

A través de los años, la práctica ha evolucionado y Elaine ha hecho algunos ajustes personales al rito.

"En los años posteriores lo que he hecho es conseguir una caja de lápices número dos, lo que resulta mucho más fácil que conseguir suficientes ramas de sauce para convertirlas en flechas. Del mismo modo, las puntas afiladas se introducen de forma más fácil en el suelo".

Elaine empezó a utilizar cintas de colores en lugar de plumas. Hizo un viaje especial a la tienda de telas para conseguir cintas originales.

"Las cintas eran de unas seis pulgadas de largo, más o menos del mismo largo que los lápices, y luego las juntamos con un trozo de cinta en el extremo del borrador. Cintas coloridas y brillantes sobresaliendo de un extremo del lápiz —cintas negras para las flechas de la muerte, y cintas rojas, amarillas, verdes y azules para las flechas de la vida".

Algo muy importante para tener presente

Plasmar sus peticiones en el papel hace que queden fijadas en el subconsciente. Elaine dice: "Si es lo suficientemente importante para hacer una petición, es lo suficientemente importante para prestarle atención".

"El ritual es significativo por todo lo implicado en elaborarlo. Cualquier ritual es significativo en algún sentido. Para mí, implicaba una nueva observancia, de modo que me involucré plenamente en él".

"Una de las razones por las que esta técnica particular es efectiva, es porque implica muchos pasos. La persona tiene que hacer muchas cosas para energizar sus peticiones. Los pasos son importantes, porque al llevarlos a cabo, se envía un mensaje al subconsciente que dice: 'Estoy tomando esto muy en serio'".

"Hasta el hecho de hacer preparativos la noche anterior se convierte en un mensaje poderoso para el subconsciente".

Un paso cuántico

En adición al entierro antes del amanecer, Elaine copia sus solicitudes principales en su agenda.

"Yo no sé si los demás hacen esto, pero con frecuencia copio lo que hay en mis flechas cuando regreso después de la ceremonia".

A veces sus peticiones se asemejan a una oración.

"Durante el primer par de años, sólo escribimos oraciones sencillas. Pero cuando vimos lo efectivas que eran, empezamos a tomar el asunto cada vez más en serio —al menos yo lo hago— para construir aquello que deseamos".

Con frecuencia Elaine se siente sorprendida cuando repasa las páginas de la agenda un año después. Se sorprende de que "sucedió sin ni siquiera darme cuenta de que había ocurrido".

Cierto año Elaine escribió una flecha solicitando dirección para lograr un paso agigantado en asuntos financieros y personales, y para hacer la diferencia en la vida de otras personas.

"Con los días me olvidé de esta flecha. Sólo fue hasta cuando años después miré en retrospectiva y me quedé sin alientos al observar todo lo que había ocurrido debido a que había hecho esa flecha".

"No tenía idea de lo que estaba pidiendo. Sólo sabía que quería dar un paso agigantado en mi vida personal y profesional".

En la actualidad Elaine se sorprende al volver a leer esta flecha de la vida escrita hace más de diez años:

Gran Espíritu,

Quiero tener guía en cuanto a llegar a una nueva instancia en mi vida personal y financiera respecto a la adquisición de logros. Quiero dar un gran paso en términos de lo que quiero lograr con mi vida desde este punto en adelante. De forma tranquila quiero lograr hacer la diferencia en la vida de las personas y hacer una contribución positiva al mundo. Por favor, ayúdame a expandirme exponencialmente en todas las áreas de mi vida.

Aquello ocurrió en enero de 1988. En la primavera de ese año, Elaine tuvo la idea de escribir un libro sobre finca raíz. Antes de eso nunca había pensado en escribir un libro. Ella se las arregló para hacer la propuesta, conseguir el agente, una editorial y empezar a escribir el libro, y finalmente enviar el manuscrito.

"El libro fue un gran éxito —CNN, los trabajos que de allí surgieron. Y luego, supe que Viking, la editorial, iba a enviarme a una gira maravillosa".

Pero había un problema: Elaine se sentía aterrorizada con la idea de tener que hablar en público.

"Yo le había dicho al universo: 'Dame una razón para superar este temor y lo haré. Y aquí estaba la razón, tenía que vencer el temor a hablar en público a fin de hacer la promoción'".

De modo que ella se matriculó en Toastmasters, un club donde sus miembros aprenden técnicas para hablar en público. Entonces salió de gira, a pesar de su gran ansiedad. Al poco tiempo, Elaine ya no experimentó más temor. Cuánto más hablaba en público, menos temor sentía.

Como lo ve Elaine ahora, ese fue el paso inicial de todo un nuevo prospecto en su vida personal y financiera. Le tomó varios años, pero al considerar su nueva situación reconoce que todo comenzó allí.

Debido al éxito de su primer libro, se dio cuenta que su vida era muy complicada y entonces se determinó a simplificarla.

"Cuando regresé de la gira examiné la forma como estaba administrando el tiempo. Mi sistema era demasiado grande, como del tamaño de Nebraska —era colosal. Me dije: 'Esto es absurdo'. Mi vida era demasiado complicada. Tenía un libro para promocionar, así como mi propio portafolio de inversión de propiedades para administrar, y había empezado a dirigir seminarios para enseñar a los agentes sobre cómo hacer que funcionara esta técnica de inversión en finca raíz. Todo eso surgió al mismo tiempo, lo que me llevó a simplificarme. Y fue a través de esa simplificación que escribí el libro *Simplifica tu vida*, y los libros que le siguieron sobre el tema. De esa manera me convertí en escritora".

Su primer libro trataba sobre el tema de compartir con equidad. Convertirse en escritora era la idea más remota que había en su mente.

"Escribí el libro sobre finca raíz porque no había uno que explicara esta técnica y pensé que era útil hacerlo. Nunca me imaginé que podría ser escritora. Yo escribí desde la óptica de un inversionista. Y cuando escribí *Simplifica tu vida,* lo hice porque muchas personas me lo estuvieron pidiendo; venían y me decían: 'Escuché que simplificaste tu vida, te deshiciste de la casa grande y de tus cosas. Yo necesito hacer eso; ¿cómo lo hiciste? ¿Qué hiciste exactamente?'".

Elaine estableció el compromiso de que no haría ni una sola cosa que no disfrutara.

"Surgió la idea de escribir un libro sobre simplicidad y pensé que lo disfrutaría, así que lo hice".

El segundo libro vino de forma natural.

"Cuando estuve en el show de Oprah, ella me dijo: 'Elaine, ¿qué haces con todo ese tiempo libre?'. Y así fue como surgió *Simplicidad interior,* para ese momento, mi tercer libro. Para ese momento empecé a recibir cartas de muchas personas que decían que el segundo libro les había cambiado la vida. Yo me sentí conmovida por las cartas y por lo que escuchaba a decir a la gente. Entonces, finalmente se me ocurrió: oye, ¡puedes ser escritora!".

Entonces vinieron los otros tres libros sobre simplicidad. Hasta este momento se han vendido más de un millón de copias de estos libros y ciertamente han causado un efecto profundo en la vida de las personas, a la vez que la autora lo ha podido manejar de una forma tranquila y sosegada.

"Estoy absolutamente convencida de que todo surgió por esa flecha de vida y por la oración al Gran Espíritu lo que ha guiado mi vida".

"De ello, surgió la escritura de un libro, surgió la simplificación de mi vida, pude superar mi temor a hablar en público, y exploré dimensiones personales que nunca pensé que intentaría".

Y no hay dudas en la mente de ella de que cualquier persona pudiera lograr lo que ella logró.

Lo que cuenta es la motivación

Cuando escuché por primera vez sobre la tradición de Elaine St. James fue en el mes de febrero, a unos pocos días de mi cumpleaños. De modo que como regalo de cumpleaños, mis 'coartadas', Dorothy y Bill, se ofrecieron a realizar la ceremonia conmigo. Como parte de los preparativos Dorothy preparó una cena especial con trucha fresca, arroz y arándanos y un postre espectacular de galletas de jengibre y limón. Pasamos bastante tiempo preparando los lápices. Tuvimos una controversia amena respecto a si las cintas deberían ir rectas o hacia los lados como banderas. Al final optamos por el estilo de bandera porque eran más fáciles de adjuntar, pero debo admitir que me sentía preocupada de que aquello fuera lo correcto.

Colocamos los lápices con cinta negra en una bolsa de papel y los otros, con cinta multicolor, en otra, por temor a una confusión y a que termináramos enterrando los equivocados en la oscuridad. Antes de terminar, empacamos una linterna, una pequeña espátula, un soplete de butano y una brújula con una cuerda roja.

La mañana siguiente, en nuestro camino hacia el lugar, nos dimos cuenta de que no teníamos tabaco. De modo que nos detuvimos en una tienda que permanece abierta las 24 horas. Ninguno de nosotros había vuelto a fumar desde los años de universidad, de modo que fue divertido comprar los cigarrillos, pero me preocupaba que no fueran lo suficientemente auténticos.

Empezamos a apresurarnos. Se veían los primeros visos de luz en el cielo. ¿Habíamos pasado el alba? Bill nos aseguró que el amanecer ocurría a las 7:10 a.m. y que teníamos suficiente tiempo. Entonces nos preocupamos por los cigarrillos: ¿estarían bien estos cigarrillos o debimos haber comprado una caja de tabaco?

Cuando llegamos a la playa, inscribimos cuidadosamente un círculo en la arena rocosa cerca del agua con una abertura hacia el sur, y una a una, enterramos las flechas de la muerte con las notas de las cosas que queríamos desechar de nuestra vida. A continuación nos devolvimos y subimos hacia la zona de los ferrocarriles y escalamos un lado de la colina, donde hicimos el segundo círculo de tabaco con la abertura hacia el norte. Allí quemamos con despliegue ceremonioso las flechas de la vida inscritas con nuestras aspiraciones más altas.

Permanecimos un momento en silencio y de repente, un tren pasó zumbando en medio de la oscuridad. La fuerza inesperada del tren nos hizo reafirmar nuestros pies para no perder el equilibrio e hizo que nuestro cabello se echara hacia atrás. Aquello parecía ser una buena señal.

Cuando descendimos de la montaña, fuimos a Starbucks para analizar lo sucedido. En ese momento el sol estaba empezando a salir. Mientras salía el vapor de las tazas de las bebidas calientes, empecé a revisar mis notas que había tomado de Elaine, y descubrí, para nuestro horror, que lo habíamos hecho al revés. La entrada en el terreno bajo se suponía que debía ser hacia el *norte*, y la entrada en el terreno alto hacia el *sur*. Adicionalmente, se suponía que debíamos quemar las primeras flechas y enterrar las segundas.

¡Oh, no! Ahora estábamos invitando a nuestras vidas todas las cosas de las cuales nos queríamos liberar, y esparciendo por los vientos las cosas que queríamos en abundancia. Nos lamentamos por el desacierto y nos preguntábamos qué debíamos hacer.

Fue mi hija Katherine, cuando llegué a casa, quien con sabiduría superior a sus años, dio tranquilidad a mi corazón. Ella me descartó mis preocupaciones como irrelevantes.

"Lo que cuenta es la motivación, no los detalles", me dijo.

Ella tenía razón.

El comentario de Katherine, me reconfortó y me hizo sonreír. Una de mis flechas negras contenía una de las características de las cuales me quería deshacer: preocuparme demasiado. Pero el punto era que nada de eso importaba, ni la dirección de las cintas, o la hora del día, ni la marca de cigarrillos, ni el asunto de quemar y enterrar. Lo único que realmente importaba era la intención y nosotros la teníamos muy clara. Nuestra intención era focalizarnos en nuestros deseos más profundos sobre lo que queríamos alcanzar y lo que queríamos desechar y estábamos apelando a algo superior a nosotros para contar con su ayuda.

Tenga eso presente al momento de preparar su propio ritual. No es tanto lo que usted hace, sino cómo lo hace. Hágalo con cuidado y con respeto, así verá los resultados.

Lo que cuenta es la motivación no los detalles.

• AHORA ES SU TURNO •

Adapte la tradición nativa de la flecha a sus propias circunstancias, o cree un ritual de su propia cuenta. Hágalo tan elaborado como lo desee. Recuerde que la preparación es tan importante como la ceremonia. Se debe incluir lo que implique solemnidad para usted. Incorpore de alguna manera los cuatro elementos, la tierra, el aire, el fuego y el agua. Incluya alimentos y útiles o símbolos, por ejemplo, incienso o hierbas. Tal vez quiera utilizar algún instrumento especial de escritura, por ejemplo una pluma de ganso hecha a mano. Corte el extremo de la pluma para hacer la punta y sumérjala en tinta.

Hacer la escritura en forma de ritual hace que el mensaje sea más significativo. Pone los asuntos en movimiento.

CAPÍTULO 18

DÉJELO EN LIBERTAD: ESTABLEZCA EL BALANCE

Además de introducir el elemento del ritual en la escritura para hacer que suceda, lo que me intrigó de la historia de Elaine fue el concepto de la disposición para "dejarlo ir". Eso agregó un componente al proceso que no había considerado antes.

La tradición nativo-americana que Elaine describió incluía, no sólo pedir lo que se quiere en la vida, sino también renunciar a lo que no se quiere, aquello que uno quiere desechar. En su libro *Living the Simple Life* Elaine recomienda que cuando se introduzca algo nuevo en la vida, se debe desechar algo viejo. ¿Ha comprado usted juguetes nuevos para sus hijos? ¿Por qué no dar los viejos y en buen estado a la caridad? ¿Utensilios nuevos de cocina? Deseche los viejos que no utilice. ¿Un libro nuevo? Revise sus estantes y escoja un libro para dárselo a un amigo. Haga lugar para lo nuevo mediante sacar fuera lo que ya no use.

Mark Victor Hansen, autor del libro *Sopa de pollo para el alma*, presenta una idea radical que puse en práctica una vez y me funcionó. Él sugiere poner una etiqueta adhesiva a cada pieza de ropa en el closet y enumerarla con números del 1 al 10, iniciando con 1, 'Me gusta, utilícela todo el tiempo', hasta 10, 'Nunca utilice esta prenda a menos que sea invitado a una fiesta de disfraces retro'. Ponga las etiquetas de forma rápida, no se detenga para volverse sentimental. A continuación devuélvase y deshágase o done a la caridad o a una persona (o a un jardín infantil para utilizar como disfraz) cualquier cosa que tenga un número superior a 3.

Al principio, su closet se verá desolado y escaso (pero, ¿adivine qué? De todos modos ese es su verdadero guardarropa). Pero aquí está la parte mágica, en pocos meses, su closet estará lleno de nuevo, pero esta vez con prendas de categoría del 1 al 3 únicamente. En otras palabras, estará lleno con ropa que usted de verdad utiliza. Si usted es como yo, ni siquiera recordará cuándo la compró. Tampoco notará un desajuste en su presupuesto. Al contrario, llegará el día en que vea su closet lleno de nuevo y ya no tendrá que ponerse a clasificar la ropa en orden de importancia. ¿De dónde vino toda esta ropa? Es posible que ese suéter haya sido un regalo de un amigo, y, ¿los pantalones? Eran los que estaban en rebaja aquel día que usted fue al centro comercial a comprar un regalo para alguien más. Usted difícilmente notó todo lo que puso en el carrito de compras cuando compró al por mayor en aquella tienda de descuentos.

El punto es que al estar dispuesto a desechar lo que ya no le era útil en su closet, usted está haciendo espacio disimuladamente para algo nuevo, y mejor. Algo que sí funciona. La maravilla de esto es que pasa de forma sutil, como Mark Victor prometió que pasaría.

La analogía es clara. En la vida, con frecuencia necesitamos estar dispuestos a deshacernos de lo viejo, de lo que ya no nos sirve, para hacer lugar y prepararnos para lo nuevo.

A través de los años, he asistido a muchos semanarios sobre efectividad y desarrollo personal. Todos estos, de forma consistente presentan, aunque con algunas variaciones, el mismo desafío. Como si se tratara de contestar una prueba de corte mitológico, y antes de iniciar cualquier acción, hay que contestarse para sí mismo las siguientes tres preguntas: ¿Por qué motivo asistió al seminario? ¿Qué espera obtener? Y, ¿qué está dispuesto a sacrificar? Era esa última pregunta la que no me agradaba. No me gustaba la idea de tener que dejar algo para poder obtener.

Ahora entiendo el poder de este principio —en todas las cosas, desde cuando desechamos lo inservible en el ático, hasta cuando dejamos las relaciones que no nos benefician, hacemos lugar para aquello que sí nos beneficia.

Cierto maestro sabio me dijo en una ocasión: "Hacerse maestro implica tener la disposición de dejar ir de nuestra vida lo que no esté funcionando, y puede que hacerlo nos resulte doloroso".

Renunciar a aquello que no funciona está relacionado con asumir la responsabilidad de su propia vida.

El quemar o enterrar las flechas negras en el terreno bajo de la ceremonia, crea en nosotros un equilibrio que nos permite tomar el control de nuestra propia vida. Constituyen una declaración ante el universo de que estamos dejando atrás el papel de víctimas y que estamos emprendiendo de forma autónoma la acción.

Al poco tiempo, usted se sorprenderá de que su comportamiento cambie de forma sutil para conectarse con la realización de sus peticiones.

Para escribir su libro *Simplicidad interior*, Elaine, por ejemplo, estableció un método visual y cuantificable para combatir el pesimismo. Se basaba en el antiguo ritual chino que utilizaba piedrecitas, las cuales Elaine sustituyó con fríjoles —un fríjol en una taza cada vez que se permitía albergar un pensamiento negativo durante el día.

"Al final del día, miras la taza para ver cuántos pensamientos negativos has tenido. Eso representa un mensaje gráfico para tu subconsciente. Es una manera de controlar lo que pasa por la mente, lo que nos lleva a empezar a identificar los pensamientos negativos que vienen a nuestra mente".

Le tomó algún tiempo a Elaine reconocer que el truco del fríjol que estaba recomendando a otros, y que ella misma estaba practicando, estaba relacionado con una flecha que había enterrado y en la que había escrito:

Quiero deshacerme de las preocupaciones y de los pensamientos negativos.

"Sólo fue hasta después que miré hacia atrás y me di cuenta de todas las cosas que había hecho para deshacerme de la forma de pensar negativa, como las afirmaciones que había escrito, el sistema de fríjoles y lo que había registrado en mi agenda. Entonces recordé el deseo de la flecha".

Yendo a un nivel más profundo

Al principio parece contradictorio, pero a veces aquello que necesitamos dejar ir es la mismísima cosa que necesitamos. Gloria consiguió a su compañero sólo hasta después de empezar a abrigar la idea de cómo sería su vida si el hombre con el que soñaba nunca aparecía.

"Tenía que estar dispuesta a no tener lo que había soñado".

Más tarde, Gloria me contó una historia sobre dos amigos de ella que habían intentado durante años adoptar un hijo. Al final, Gloria les sugirió que hicieran lo que ella había hecho y que le escribieran cartas al niño desconocido. Ellos hicieron eso por espacio de un año, y su escritura les enseñó algo. Lograron tener paz. Le dijeron a Gloria: "Reconocimos que éramos una pareja, una familia, aún sin el bebé".

Tres días después, les llegó el bebé.

• AHORA ES SU TURNO •

1.   Inicie con su guardarropa y permítase experimentar lo liberador que es desechar lo que no utiliza y de hacer lugar para aquello que en verdad sí necesita. Utilice un bolígrafo y una resma de notas autoadhesivas y aplique la técnica que se describe en este capítulo. Ponga rápidamente una etiqueta sobre cada prenda con la numeración de 1 a 10. A continuación deseche o done toda prenda cuya calificación esté por encima de 3. Antes que se dé cuenta de ello, habrán nuevas prendas colgando de su ropero. Prendas que le gusten y que realmente utilice. Se lo garantizo.

Permita que eso se convierta en una lección para su vida, especialmente si se encuentra atascado respecto a lograr una meta a largo plazo.

2.   Escriba en hojas de papel sobre aquello que no esté funcionando en su vida y que usted esté dispuesto a dejar ir. Disponga de forma ceremonial de las hojas una a una. Puede crear una fogata en la playa y arrojar las hojas a las llamas individualmente. También las puede arrojar al agua —en un lago o en un río, por el lado de una embarcación— o tírelas por el inodoro. (Nunca he hecho esto último pero un amigo me dice que es altamente satisfactorio.) Tal vez pueda colocar las hojas dentro de globos de helio y dejarlas ir por los aires. Como un pájaro que sale de su jaula, y que vuela libre hacia los cielos, libérese de aquello que lo retiene de alcanzar lo que desea.

3.   Esté dispuesto a dejar ir aquello que le estorba. En las escrituras hindúes, en el *Bhagavad Gita,* Krisna le dice a Arjuna que es la renuncia al apego a los resultados lo que produce serenidad.

Mediante la escritura usted también podrá habitar en un valle de paz.

Descanse allí un poco, porque algo excitante está por suceder.

CAPÍTULO 19

MUÉSTRESE AGRADECIDO

En nuestro refrigerador tenemos un dicho que ha estado pegado allí durante años.

Si tienes un sueño, ¡síguelo!

Si atrapas un sueño, ¡nútrelo!

Si tu sueño se hace realidad, ¡celébralo!

La celebración reconoce la victoria y nos da la oportunidad de detenernos y de honrar a quienes nos rodean: la familia, los amigos y otras personas, que han contribuido a que los sueños se hagan realidad.

Celebre los resultados y exprese su agradecimiento a las personas que le ayudaron a llegar allí.

Establezca actos conscientes de gratitud

Detenerse para expresar agradecimiento completa el círculo y nos prepara para lo que viene más adelante.

Ron, el amigo que escribe sus "Listas de intenciones" todos los días, compartió conmigo un concepto que aprendió de un amigo que estaba estudiando para convertirse en chamán. El amigo le dijo a Ron que reconociera lo bueno que estaba sucediendo en su vida mediante actos conscientes de bondad para con otros.

Cuando Ron consiguió el apartamento que quería y el compañero de habitación que necesitaba, se fue y empezó a ayudar a otro estudiante que estaba buscando un lugar donde quedarse. Su amigo sugirió que los actos de gratitud deben ser conscientes y planeados, y no simplemente sucesos aleatorios y retroactivos.

Muéstrese agradecido por lo que ya tiene

Usted no tiene que esperar hasta conseguir lo que desea para ser agradecido.

Gloria me contó que, cuando estaba esperando por su alma gemela, ocurrió algo trascendental cuando se estaba quejando por su suerte en la vida ante una amiga y ella, en vez de compadecerse de ella, le hizo una pregunta que cambió por completo su punto de vista.

"Mi amiga Jane me miró y me dijo: '¿Por qué debería darte Dios más si no estás siendo agradecida con lo que ya tienes?'".

"Esa es una verdad poderosa e iluminadora. En ese momento, me di cuenta que necesitaba ser agradecida por mi *vida* antes de poder encontrar a mi alma gemela. El asunto es de gratitud".

Esa noche, Gloria le escribió una carta a él.

Querida alma gemela,

Han pasado muchas cosas maravillosas durante la última semana que me han ayudado a reconocer mi habilidad de construir de forma positiva el bien en mi vida. Me siento tan bendecida y maravillada. Por supuesto, el milagro mayor será cuando te manifiestes en mi vida. Mi tentación es la de negar siempre lo bueno, la belleza y la abundancia que tengo aunque no estés aquí —pero estoy empezando a hacerme consciente de mis deficiencias y estoy haciendo los cambios necesarios.

Mi mantra, señor, es el agradecimiento.

"Yo tenía que reconocer las bendiciones que Dios me había dado, antes de poder recibir más bendiciones. Primero el agradecimiento, para luego estar abierta a recibir de nuevo".

Mis bendiciones son maravillosas y estoy agradecida.

Pagando las facturas con gratitud

Durante años, al emitir cheques, he escrito la palabra "¡Gracias!", en la línea de memorando en la parte inferior izquierda. Y aunque he estado haciendo lo mismo por años, no lo hago de forma automática, sino de forma deliberada. Es una manera de dar las gracias que regresará a mí, gracias por el dinero que tengo para gastar, y más especial aún, gracias a la persona o empresa a quien le estoy girando el cheque.

Escribir "¡Gracias!" en la línea de memorando constituye un recordatorio de todas las personas que hacen más fácil mi vida.

Es una manera de apartar un momento para pensar en el servicio que está cubriendo el cheque y en la gente detrás de la transacción. Me hace detenerme para pensar, gracias por suministrar los víveres que necesito, y por mantener mi hogar confortable, por recoger mi basura y por darme una caneca de reciclaje. Gracias por proveer las líneas telefónicas para mantener mi negocio y estar en contacto con las personas que amo.

Cuando escribo "¡Gracias!" en la línea de memorando, puedo sentarme a pagar mis facturas con un corazón agradecido.

Haciendo del mundo un mejor lugar para vivir

Mis hijos, James y Peter, llevan esta "actitud de agradecimiento" aún más allá; ellos envían notas de agradecimiento todos los días.

Antes mencioné que ellos son propietarios y administran una firma de diseño gráfico. Comenzaron con un negocio pequeño, atendido por dos personas, en la mesa de la cocina, y ahora tienen una oficina grande en el centro de la ciudad, con personal y cuentas importantes.

Peter dice: "Sin importar lo grande que nuestro negocio pueda crecer, sin importar cuánto dinero ganemos, ni el número de empleados que tengamos, nunca nos olvidamos de la gente que nos ayudó a llegar donde estamos".

En el ámbito comercial es muy común dar regalos a los clientes, a la gente que le está generando ingresos. Por ejemplo, al final del año, un representante del fabricante puede traer latas de maíz tostado para expresar agradecimiento al distribuidor. Así demuestra aprecio por los pedidos y por vender su producto. Peter nos cuenta cómo lleva esto un paso más allá.

"Bullseye Graphics recuerda a sus clientes, pero por supuesto también recuerda a los vendedores —personas que trabajan para nosotros— no sólo la gente que nos paga, sino la gente a la que les pagamos. Tenemos un lema. Cuide de las personas que cuidan de usted".

Así, Peter y James escriben notas de agradecimiento para las personas que trabajan para ellos. Envían una tarjeta, junto con el cheque de pago, al fotógrafo que recientemente dedicó dos horas para ellos en el frío invierno para lograr unas tomas, o envían una nota de agradecimiento al especialista en color digital en la tienda de copiado, luego de que él trabajara varias horas de la mañana para producir copias a color para el modelo a escala.

Ellos nunca pagan una factura sin enviar adjunta una nota de agradecimiento escrita a mano, aún si se trata de un pago mensual rutinario.

"No se trata de que la nota sea un documento demasiado especial. Más bien, son notas sencillas y espontáneas adjuntas al pago mensual. Puede ser algo tan simple como, 'Gracias por ayudarnos a mejorar nuestra apariencia', o 'Gracias por tu duro trabajo'. Aunque quizás diga lo mismo todas las veces, aún así alegra el día de quien lo recibe".

Peter y James también envían notas de agradecimiento a amigos y familiares. No hay ninguno de nosotros que no haya recibido una nota escrita a mano, por algo que otras personas hubieran pensado que bastaba con un simple 'gracias' verbal. Hace poco un amigo de ellos, Kevin, le preguntó a su suegro Gary, si mis hijos podían pedir prestado su camión para transportar unas cajas con material promocional para un cliente.

Kevin le dijo a Gary: "No te sorprendas si recibes una nota de agradecimiento".

Al final resultó que se necesitaba un vehículo más grande. No obstante, la siguiente vez que Gary fue a conducir su vehículo había una nota para él de parte de Peter y James en la cabina del frente.

"Bien", dice James, "él se tomó la molestia de limpiar el camión, le llenó el tanque de combustible y estuvo dispuesto a permitir que lo usáramos, y queríamos que él supiera que apreciábamos eso".

Lo anterior, crea una reacción en cadena; la gente con la que ellos hacen negocios se muestra complacida al verlos, y ellos, a su vez, son agradables con otros clientes, tal vez hasta ellos mismos escriban notas de agradecimiento a otras personas. Y puesto que escriben su agradecimiento, Peter y James son más conscientes de las cosas buenas que suceden a su alrededor y del apoyo que reciben de todas partes. Ellos se concentran en lo positivo y no asumen como obligación lo que las personas hacen a su favor.

Una actitud como esa es contagiosa. James lo expresa del siguiente modo, "Empiezas a notar y a reconocer las cosas pequeñas, como hacer una señal de agradecimiento cuando en el tráfico una persona te cede el paso".

Peter sonríe y dice: "Estamos haciendo de este mundo un mejor lugar en el cual vivir, vez tras vez, mediante una nota de agradecimiento".

• AHORA ES SU TURNO •

1.   Registre en una hoja de papel las bendiciones que ha recibido en su vida. "Estoy agradecido por... y continúe escribiendo".

Haga toda una letanía. Inicie con las cosas obvias.

Estoy agradecido por mis amigos.

Estoy agradecido por el techo sobre mi cabeza.

Estoy agradecido por las bibliotecas.

Estoy agradecido por mi suéter, que me mantiene caliente.

Estoy agradecido por las puestas de sol y por los arcoíris.

Puede escribir más de una página si se anima a hacerlo.

2.   Busque oportunidades de agradecer a las personas de forma escrita. Por ejemplo, en vez de utilizar la hoja de observaciones del cliente en la oficina de correos para quejarse por algún correo mal direccionado, utilícela para expresar elogios por la persona que atiende, la cual fue bastante cooperativa y alegre.

Cuando vaya de compras o realice operaciones comerciales con una empresa, obtenga el nombre de la persona cuyo servicio usted valora, y exprese ese aprecio por escrito.

3.   Cuando sus metas se hagan realidad, ¡celébrelo!, y haga que la celebración incluya actos conscientes de agradecimiento hacia otros. Asegúrese de agradecer a todos los que le ayudaron a lo largo del camino.

Cuando usted se acuerde de expresar agradecimiento, cuando viva la vida con un espíritu de gratitud, la vida le presentará aún más cosas por las cuales estará agradecido.

CAPÍTULO 20

CÓMO MANEJAR LOS DESACIERTOS

¿**Q**ué hay si usted lo pone por escrito y no sucede lo que espera? Lo primero que se debe considerar es, tal vez sí sucedió. Es posible que no haya sucedido de la forma como usted lo imaginó. Vuelva a examinar el resultado del resultado, el beneficio del beneficio del beneficio.

¿Qué era lo que usted quería obtener con su meta? Es probable que, después de todo, usted haya conseguido lo que deseaba, sólo que de una forma distinta a la esperada.

Mi amiga Chary, quería ingresar a la facultad de Medicina. Ella lo puso por escrito, lo describió en detalle, y al final no pudo ingresar. ¿Fracasó?

Ella quería ingresar a la facultad de Medicina con el propósito de ser médica y así poder ayudar a la gente con sus problemas de salud. En la actualidad Chary trabaja en un hospital grande de la ciudad como asistente del médico, ayudando a los pacientes con VIH.

Otro amigo mío aplicó para un trabajo que deseaba con intenso anhelo. Durante muchas mañanas consecutivas escribió al respecto y describía cómo ese trabajo le permitiría cambiar su vida. Pero nunca lo consiguió.

"Al principio", me dijo él, "me sentía avergonzado de volver a releer lo que había escrito respecto a tener ese trabajo.

Pero entonces me di cuenta del mensaje en el trasfondo. No era el trabajo en sí lo que yo quería, más bien era lo que este representaba: la posibilidad de pagar la matrícula universitaria de mi hijo, pagar la hipoteca de mi casa, tener suficiente dinero para ir de viaje con mi familia. Esos eran los aspectos más importantes que se destacaban en mi escritura, y sentirme valorado en mi trabajo y a la vez experimentar el sentido de logro".

"Ahora miro en retrospectiva y me doy cuenta que conseguí todo lo que quería. De hecho, ahora tengo mejores cosas, porque estoy más cerca a mi casa y me gusta mucho más la compañía con la cual trabajo. Sólo hasta cuando me di cuenta de eso dejé de pensar que lo había escrito y que no lo había recibido".

No se trataba del trabajo que él deseaba; era más bien el dinero y el tiempo que necesitaba para estar con su familia.

Jaimee deseaba ir a Nueva York —ella escribió eso como el primer resultado: "La meta es vivir y trabajar en Nueva York". A medida que continúa escribiendo, profundizando en el resultado del resultado y más allá, ella llega al punto en cuestión. La razón por la que quiere ir a Nueva York es para cantar en un club de Jazz y desea hacerlo porque así se siente realizada, ella sabe que es buena cantando y mediante sus talentos quiere contribuir de alguna manera al mundo. De esta manera ella puede ser feliz e irse a descansar tranquila todas las noches durante el resto de su vida. Sabe que puede soñar en grande y que sus sueños pueden convertirse en realidad.

Ella escribió su meta y un año después, todavía no había viajado a Nueva York. Pero, ¿imagine lo que logró? Grabó una cinta de demostración y la hizo circular en los clubes locales de su ciudad. Pronto empezó a cantar y a hacer su sueño realidad.

Jaimee no ha renunciado a su sueño de ir a Nueva York, pero mientras tanto, ha experimentado el resultado del resultado en su vida.

Explore otros caminos de acceso

Existen muchos caminos que llevan a la cima de la montaña. No obstante, la vista desde arriba es la misma. Si usted se enfoca en el resultado, no tiene porqué sentirse desanimado. Pregúntese de forma continua: "Si no resulta esto, ¿entonces qué? ¿Qué otra cosa puedo hacer para conseguir los mismos resultados finales?".

La humorista Marianna Nuñes presenta esta fórmula útil para el baile de la vida: "Dos pasos adelante y uno hacia atrás".

Cuando alguna acción que usted emprenda hacia la meta no lo lleve a obtener los resultados esperados, en vez de descorazonarse, adopte el siguiente mantra:

Algunas cosas funcionarán.

Otras no.

¿Entonces, qué hacer?

¡Seguir adelante!

Alterne las fortalezas del cerebro

El lado derecho del cerebro tradicionalmente dirige la parte sentimental y no verbal de las personas, mientras que el hemisferio izquierdo, por su parte, controla el pensamiento racional y la lógica. Cuando su meta no sea la de trabajar, determine el lado desde el cual estará operando y haga un esfuerzo consciente por alternar al otro lado.

Si su lado práctico está dirigiendo el show, entonces haga que el lado emocional se tome el control —explore sus sueños desde este ángulo. Escriba sobre lo que se *siente* al pensar en su meta. Vuélvase pasional y expresivo. Agregue una conexión emocional.

Por otra parte, si sus sentimientos o emociones le están desanimando (temor, duda, sentimientos de inutilidad), alterne y haga algo concreto al respecto desde su lado prácti-co. Piense con su cabeza en vez de pensar con su corazón. Documéntese, consiga información (folletos o libros ilustrados) sobre aquello que desea. Hable con las personas que han logrado hacer lo que usted desea, y a continuación escriba algún aspecto práctico sobre el tema para aterrizarlo.

Alternar nos pone de nuevo en la silla de control y nos da el equilibrio que necesitamos para desatascarnos.

Continúe intentándolo

Muy bien, usted escribió sobre la relación perfecta y conoció a alguien que encajaba completamente con la descripción, y entonces resultaron distanciados. ¿Es eso un fracaso?

O, usted no se pudo subir al crucero por el Caribe.

O, alguien más fue nominado para el viaje a París.

Inténtelo de nuevo.

Regístrese en la competencia de nuevo, o busque otra e ingrese en ella. Esto es lo que Hellen Hadsell le diría. Helen escribió un libro titulado *¡Decídelo y reclámalo! (Name It and Claim It)*.

Me encanta ese título.

Para Helen el libro, *¡Decídelo y reclámalo!*, se refiere específicamente a las competencias. Yo extendería el título para abarcar todo aquello que uno escribe para hacer que suceda. Decídelo, y luego reclámalo, es de lo que se trata el libro que usted tiene en sus manos.

Helen dice: "No hay fracasos, sólo una demora en los resultados". Esa frase es para quienes les gustan los letreros hechos a mano, bordar lemas en la ropa, o fotocopiar las frases cortas y pegarlas en los computadores o en las esquinas de los espejos.

NO HAY FRACASOS: SÓLO UNA DEMORA EN LOS RESULTADOS.

Helen pasa a explicar: "Nunca descarte lo positivo o lo bueno sólo porque se siente decepcionado. Aprenda a tener la actitud de 'Supongo que necesito un poco más de paciencia'. Esa actitud produce maravillas para su cuerpo, su mente y su bienestar".

Uno de los principios de la programación neurolingüística es que no existe tal cosa como el fracaso, únicamente la retroalimentación.

Y la paciencia significa poder.

A tres pies del oro

Napoleon Hill cuenta esta historia memorable en su clásico, *Piense y hágase rico.*

Cierto hombre, el señor Darby tenía una mina de oro en Colorado en la época de la fiebre del oro. Esta mina produjo oro por un tiempo, pero después el oro se agotó. El señor Darby excavó un poco más, llegó más lejos, pero no encontró nada. De modo que se dio por vencido y vendió la mina y las herramientas a un explorador por unos pocos cientos de dólares. A tan sólo *tres pies* del lugar donde el señor Darby había dejado de excavar, el nuevo propietario se conectó a una veta de oro que produjo millones.

Aquel incidente cambió la vida del señor Darby. Nunca olvidó su error de detenerse a tan sólo tres pies del oro. Años más tarde dijo: "Aquella experiencia era una bendición disfrazada, me enseñó a perseverar y perseverar, sin importar cuán pesado se haga el camino. Esa era la lección que tenía que aprender antes de poder triunfar en cualquier cosa".

"Una de las causas más comunes de fracaso", concluye Hill, "es el hábito de desistir cuando se enfrenta una derrota temporal".

No se detenga a tan sólo tres pies del oro.

Regrese y excave un poco más.

¿Algo se malogra? ¡Olé!

Le tengo buenas noticias.

Cuando todo se esté desbaratando, es una buena señal de que todo va a estar en su lugar.

En el mismísimo acto del nacimiento, recibimos una lección de vida. Los diez minutos antes del nacimiento son usualmente los más difíciles para la madre y para el bebé. A este periodo se le conoce como "la transición". La madre está a punto de rendirse (¡demasiado tarde!), mientras que el padre, que ha leído información sobre el nacimiento y tomado clases de Lamaze, se encuentra extasiado. Él sabe que después del largo periodo de trabajo de parto, el bebé esta a punto de nacer.

De la misma forma ocurre en la vida. El caos se presenta cerca a la culminación. Si usted reconoce el patrón, entonces se alegrará cuando el fracaso asome; usted ya está muy cerca a la línea de meta.

Cuando todo se malogra, yo digo, "¡Olé! Ya casi estamos listos". El computador se bloquea, la transmisión del auto se desbarata — ¡genial! Algo *grande, realmente grande*, está por ocurrir.

Persevere. El caos anuncia la culminación. Usted está a sólo tres pies del oro.

Y si está dirigiéndose en la dirección correcta, todo lo que necesita es continuar avanzando —y continuar escribiéndolo para que suceda.

EPÍLOGO

Como había de esperarse, en el mismísimo proceso de escribir este libro, estuve probando el poder de sus principios. Recuerde en la introducción cómo la fe en San José me ayudó a vender mi casa —bien, buen trabajo— luego, tuve que comprar otra para trasladarme.

Me gustaría poder decirles que nunca dudé ni por un minuto de que iba a encontrar exactamente lo que necesitaba, pero no fue así. Ahora cuando miro en retrospectiva me doy cuenta de que estaba asustada.

Por supuesto, escribí lo que quería, fijé una "fecha límite", y a pesar de lo hice, me sentía tonta y perpleja. ¿Por qué no podía ser como Sydne?, pensé. Hacer la lista, mirar el periódico, elevar una oración 'para facilitar las cosas', y conseguir la casa en el primer intento. Estuve pensando en Gloria quien confesó que en un punto de desesperación quería salir y conocer a cualquier hombre. Cuando me sentía desanimada pensaba en salir y conseguir cualquier casa que al menos se pareciera a lo que quería.

Sin embargo, parecía difícil encontrar una nueva casa. Oré que pudiera encontrar la casa al poco tiempo después de hacer la lista.

También escribí cartas a Dios. Al principio eran amables y optimistas,

Gracias Señor por adelantado por la bendición de mi nueva casa que es tan apropiada. En este momento la casa está esperando por nosotros de la misma manera en que Ted y Gloria habían de estar juntos. Gracias Dios por Gloria, y por mi nueva casa.

Pero a medida que las semanas fueron avanzando, el tono de las cartas cambió.

¿Cómo tomar esa casa que vi ayer cuando no me gusta? Parece ser práctica, pero, ¿qué hay de lo que soñé sobre el sentido de llegar a casa? ¿Debo mantenerme firme en mi búsqueda? QUERIDO DIOS, ¿NO ME AYUDARÁS CON ESTO? NO LO HAGAS TAN DIFÍCIL —TENGO QUE ESCRIBIR UN LIBRO.

Esto es lo que yo quería encontrar en mi nueva casa, lo que yo estaba esperando recibir:

Mi nueva casa va a ser rodeada de sol por todos lados. Va a tener bañera caliente (ese es el requisito # 1). Mi casa nueva tiene una chimenea y un entorno acogedor y creativo, y se requiere poco para su mantenimiento. Sin embargo el patio de recreo ha de ser rústico y pintoresco.

Hasta escribí esto en una de las flechas de la vida, y lo escribí en el "resultado del resultado".

No simplemente una chimenea, sino:

... una chimenea para contar historias y para colocar al lado a mi escribano egipcio para protección.

Y la bañera caliente era para:

... sumergirse y relajarse, y para invitar a los amigos.

La quería soleada:

... para escribir en la mesa de la cocina en mis pijamas junto a una taza caliente de café o un latte, mirando hacia fuera al exuberante patio.

En general, quería que fuera:

... un lugar donde la gente se sintiera completamente bienvenida.

Mis amigos, bondadosamente me animaron a ser más realista. Dijeron: "Nunca conseguirás la bañera caliente, y olvídate del segundo baño".

Me sentí deprimida. Nada parecía funcionar.

Cierto sábado, dediqué la tarde a la búsqueda de la casa con mi estimada amiga Dorothy. Ella estaba muy entusiasmada para ir y visitar muchos lugares, pero nada me gustaba. Me sentía congelada, paralizada, apagada. Mi panorama era desolador.

Esa noche, el esposo de Dorothy y amigo mío, Bill, me llamó y dejó un mensaje en la contestadora. Decía: "Escuché que estuviste buscando casas con Dorothy hoy, y que estabas desilusionada porque no encontraste nada. Dame una llamada; quiero hablar contigo".

Fue muy amable de parte de Bill que me hubiera llamado. Sabía que estaba preocupado por mí porque se había enterado que yo estaba decepcionada. Llegué a pensar que él amablemente iba a sugerirme de visitar al médico y conseguir Prozac —o al menos ir a la farmacia para conseguir algún tipo de tranquilizante. Me puse un poco a la defensiva, y me preparé para decirle que mi depresión era "situacional" en vez de "clínica". Pero la realidad era que Bill tenía una sorpresa para mí; y eso me sacudió.

Bill no me dio consejos ni hizo un análisis serio de mi abatimiento. No intentó hablarme de mi lista de deseos y mucho menos vino para pedirme que considerara la posibilidad de bajar mis expectativas. Tampoco me pidió que fuera realista.

Simplemente me dijo: "Quería decirte que cuando Dorothy y yo estábamos buscando una casa —fue hace 16 años pero todavía lo recuerdo claramente— también fue una época estresante para nosotros".

Me sentí aliviada. La tensión desapareció de mi cuerpo con el simple hecho de saber que no estaba sola y que alguien había transitado por el camino que yo estaba transitando en ese momento, y que comprendía completamente la situación.

Me quedé pensando que lo que hizo Bill por mí, era lo que yo quería que mi libro hiciera por mis lectores. Mostrar que otros han pasado antes por la misma situación, y que en ocasiones sintieron temor y se sintieron abatidos, y que pensaron que no funcionaría, pero que a pesar de ello manifestaron confianza y continuaron adelante, a pesar de que a veces daban un paso hacia atrás después de haber dado dos hacia adelante.

Por eso es que quise que conocieran a Mariana, a Sydne, a Marc y a Janine. Esa es la razón por la que Gloria nos permite leer cartas de amor muy personales. La misma razón por la que Elaine desea que usted ponga en práctica la ceremonia de las flechas en su propio estilo. Lo que estas personas quieren decirle a usted es, no desestime sus sueños y no permita que su corazón desfallezca —si yo pude lograr esto, usted también puede alcanzar sus sueños. Es normal sentir temor. Pero hágalo de todos modos.

Bill llamó el domingo por la mañana. Esa tarde, encontré mi casa. Y antes de las 10:00 p.m., de esa misma noche, ya había hecho la oferta. Ahora, en este mismo momento, me encuentro sentada frente a la mesa de la cocina, en mi nuevo hogar acogedor con un montón de páginas esparcidas frente a mí. Tengo un café latte en mis manos, y estoy escuchando a Jean-Pierre Rampal en el estéreo, y el viento se escucha en el patio el cual se ve por la ventana que da al jardín de rosas y a las canastas colgantes de azaleas, pensamientos y geranios. También puedo ver a mi escribano egipcio, con su rollo de papiro en su regazo y su pluma en la mano, y sus ojos distantes, que demuestran la sabiduría de la eternidad.

Dispénsenme un momento mientras hago una pausa y me sumerjo en mi bañera de agua caliente.

GRACIAS,
POR SIEMPRE GRACIAS

En la obra de Shakespeare, *Noche de reyes,* Sebastián, quien sobrevive a un naufragio, es sorprendido por la muestra de bondad y atención que recibe de parte del capitán Antonio, quien se ofrece a escoltarlo a través de las ásperas e inhóspitas calles de Iliria en el siglo XVI. Sebastián protesta:

"No puedo contestar otra cosa sino gracias, gracias, y por siempre gracias".

Su sentimiento de frustración hace eco en mi propia incredulidad y humilde gratitud ante la inmensa manifestación de amor y apoyo que me ha guiado a través de las a veces riesgosas sendas de escribir un libro. No tengo otras palabras, sino gracias, gracias, y por siempre gracias. Primero a mi familia: siempre están ahí para apoyarme en todos mis proyectos, grandes y pequeños. Nada me produce más satisfacción que tener, como mi tía Mary solía llamarlo, a "todos mis retoños alrededor de la mesa". Ellos traen luz y alegría a mi hogar con sus rostros plenos, sonrientes y radiantes. El vínculo que nos une a mis hijos y a mí es algo que atesoro inmensamente; cada uno de nosotros daría la vida por el otro. Para la escritura de este libro, ellos me apoyaron enormemente, tanto por palabras como por hechos, no algo de labios para fuera, sino mediante acciones tangibles.

De modo que, gracias a mi hermosa Katherine, por sus latte cubiertos de espuma (eres la mejor *bartender* casera del mundo, preciosa). Con sus ojos que irradian una sabiduría superior a sus años y que resplandecen con bondad y gracia que contagia tranquilidad, Katherine nunca ha vacilado en su confianza hacia mí. Ni una sola vez, ni nunca.

Gracias a mi energética y carismática Emily, llena de arrojo y de decisión. Su sonrisa exclusiva ilumina mi día. Nadie puede estar en la presencia de Emily durante mucho tiempo sin sentirse feliz. Emily comprende el valor del trabajo duro y aún así consigue hacer que la vida sea un juego. Cuando escribía este libro, me hizo resolver varios enigmas. Tenía que conectar los puntos por cada hora trabajada en un capítulo, descifrando mensajes secretos. Emily me apoyaba empacando junto a mi almuerzo notas animadoras, impulsándome a perseverar ("Sigue adelante, chica. Estaremos esperando por ti en la línea de meta"). Gracias. Te quiero.

Y por siempre gracias a mis hijos Peter y James: son creativos, divertidos y enormemente leales, orgullosos uno del otro; valientes, confiados, e inspiradores.

James, gracias por escuchar, a veces tarde en la noche y por proveer diseño maestro y soporte técnico. Gracias por perseguir el camión de FedEx conmigo por las calles serpenteantes, y luego invitarme una margarita para celebrar el logro.

Peter, tu buen humor hace que uno esté sonriente todo el tiempo. Gracias por compartir ideas tan útiles conmigo, y por todas las horas dedicadas al formato y a la preparación del manuscrito antes de ser enviado. Y gracias a mi querida Carolyn, novia de Peter, y nueva nuera, por tu cariño e interés, y por tu simpatía incondicional. (Ella es la primera en expresar fascinación cuando se necesita que alguien lo haga.)

Nancy Ernst me mantuvo activa mediante sus extraordinarios correos. A pesar de que estaba lejos, su ánimo me sostuvo con dosis diarias de bondad y palabras de sabiduría. Dorothy y Bill Harrison, me sustentaron espiritualmente. Siempre hubo para mí un lugar en su mesa y en sus corazones. Su apoyo fue incondicional.

Rhea Rolfe, gracias por contestar todas mis preguntas con compasión y por aportar otra perspectiva. A mi prima Mary Edna Meeks, me encanta tu frase "Mantente firme". Gracias por tener siempre listo un tapete para la oración. Gracias a mi amigo Erich Parce por ofrecerme su Powerbook cuando el mío falló, y por estar siempre listo con consejos para el Mac. Jack Meeks, gracias por decirme que podía llamar en cualquier momento del día o de la noche. A Bob McChesney, mi amigo y mentor, tú me enseñaste a meditar, y a creer y a ser agradecida. Con Bob, cualquier cosa es posible.

Alan Rook, gracias por las llamadas alegres para despertar (a veces canciones), y por preguntar siempre, con sinceridad, "¿Cómo va el libro?", y por esperar la respuesta.

Al café Divine Diva, a Laurie Cheeley, por permitirme disfrutar de los espumosos Espressos durante horas, y por tener la habilidad casi psicológica de saber lo que necesitaba —cuando presionar, cuando escuchar. Siempre supo decir lo apropiado en el momento apropiado, siempre. Y a la *barista* de Diva Brady Snyder, por sus sonrisas alegres y por llevarme atrás de la barra y enseñarme la técnica correcta para hacer espuma con la leche.

A David Schomer por su pasión por el café y por su dedicación para hacer del Vivace´s Roasteria, "un segundo hogar"; un salón de café donde la gente puede disfrutar de un espacio acogedor y sostener conversaciones agradables. Estuve tantas horas en el Vivace´s, que David lo llama mi "oficina". Hasta en una ocasión compartió conmigo su número de fax para recibir los mensajes entrantes. Y, ¿dónde estaría yo sin las *baristas* que comienzan el día con un saludo amigable, y el desayuno perfecto junto con la pizca de naranja en mi bebida? Gracias Dan, Pal, Jodi, Robin, Leslie, Linda, Cozy, Mark, Cindy, Stephanie, Holly, Mary, Wade (pregúntenle por su hijo Aiden si quieren ver a un papá orgulloso). Todos ustedes me hacen sentir en casa.

Hace poco aprendí una nueva palabra: "lagniappe" (la ñapa). Es una expresión criolla, que se origina de la tradición de los tenderos de Louisiana de dar algo extra con cada compra; la inesperada dona número 13. En el maravilloso mundo editorial, he sido bendecida con muchas ñapas, mucho más de lo que pudiera haber soñado o anticipado. De modo que gracias y por siempre gracias a la brillante Jane Dystel, una agente extraordinaria; a Michele Tofflemire por su dedicación al diseñar la página web; a Trish Todd y a Cherise Grant, mis editores, ustedes hicieron que mi cabeza diera vueltas, y lograron lo aparentemente imposible: me permitieron conservar mi voz como autora, a la vez que me desafiaron a cambiar. Con gratitud les presento mis más sinceros elogios: ustedes cuidaron de esta obra con todo el esmero, y gracias a ustedes, es un mejor libro. Gracias.

Gracias a Pat Wisemann, director de publicidad, por compartir la visión, por hacerme reír en la presentación, y por conectarse de manera tan profunda a nivel personal. Fue Pat quien me comentó del concepto de "la ñapa". Usted es único, Pat. Tú eres un bono. Un premio.

Adicionalmente, estoy agradecida a todos y cada uno de ustedes que me han permitido entrar a su vida, y me han permitido contar historias profundas y poderosas con la intención de que muchas personas puedan tener vidas plenas.

Gracias a ti, amable Marian Sorenson, a la valiente Janine Shinkoskey Brodine, a la vivaz Trina Wintch, a la sabia Gloria Lanza-Bajo, al provocativo John Sexton, a la insuperable Jaimee Cheely, a la incansable Maria Toro, a la audaz

Karla Reimers, a la denodada Nan, a la decidida Mariana Nuñes, a la generosa Elaine St. James, a la efervescente Sydne Johansen, al brillante Ron Cyphers, y finalmente, a mi nuevo amigo de toda la vida, y lleno de espíritu Marc Acito, quien constantemente me reta, y mediante su ejemplo me anima a no temer tocar lo divino en mi propia vida.

Como en la obra de Shakespeare, todos necesitamos guías como Antonio en nuestra vida, capitanes que nos conduzcan a salvo en medio de la tierra y en medio del mar.

Este libro no podría existir sin estas personas. Y es nuestro regalo para usted.

BIBLIOGRAFÍA

RHJ. *It Works!* North Hollywood, DeVorss & Company: 1926. Order by writing to DeVorss and Company, P.O. Box 550, Marina del Rey, CA, 90294-0550.

Allen, James. *As A Man Thinketh.* Philadelphia, Running Press: 1986.

Bristol, Claude M . *The Magic of Believing.* New York, Simon & Schuster: 1948.

Cameron, Julia with Mark Bryan. *The Artist's Way.* New York, Jeremy P. Tardier/Putnam: 1992.

Day, Laura. *Practical Intuition.* New York, Villard: 1996.

Hadsell, Helen. *Contesting: The Name It and Claim It Game.* Largo, Florida, Top of the Mountain Publishing: 1971. Revised 1988.

Hill, Napoleon. *Think and Grow Rich.* Original copyright, 1937; revised edition copyright, New York, Ballantine Books: 1960.

Huang, Al Chungliang and Jerry Lynch. *Thinking Body, Dancing Mind.* New York, Bantam: 1992.

Keyes, Ken, Jr. *The hundredth monkey.* Coos Bay, Oregon, Vision Books: 1982.

Klauser, Henriette Anne. *Put Your Heart on Paper.* New York, Bantam: 1995.

Klauser, Henriette Anne.*Writing on Both Sides of the Brain*. San Francisco, Harper Collins: 1987.

Schwartz, David J., Ph.D. *The Magic of Thinking Big.* New York, Simon & Schuster: 1959.

Sher, Barbara. *Wishcraft: How to Get What You Really Want*. New York, Ballantine Books: 1979.

SOBRE LA AUTORA
DE ESTE LIBRO

HENRIETTE ANN KLAUSER, Ph.D., es Presidenta de Writing Resources y autora de los populares libros *Writing on Both Sides of he Brain*, y *Put Your Heart on Paper*. La Doctora Klauser ha enseñado en la Universidad de Washington, en la Universidad de Seattle, en California State University, en la Universidad de Lethbridge (Canada), y en Fordham. Ella pertenece a asociaciones nacionales, y conduce talleres corporativos en temas de establecimientos de metas, redacción y construcción de relaciones. Entre sus clientes se cuentan Fortune 500, compañías como Boeing, Weyerhaeuser, Xerox, Hershey Foods, Armstrong World Industries, e International Data Group (publicadores *de Mac World*). Sus talleres internacionales han incluido presentaciones en Canadá; El Cairo, Egipto; Londres, Inglaterra; y la isla de Skyros en Grecia. Recientemente fue invitada a unirse a una delegación de líderes internacionales en comunicaciones para visitar China.

Henriette tiene una devoción especial a San José Cupertino, quien le enseñó a abordar la vida con una actitud de creer que aquello por lo cual se ora, de hecho, sucede. Henriette es madre de cuatro extraordinarios hijos y vive en Edmonds, Washington.